[英]英国BBC 编著

胡泊 译

BBC

BBC世界史系列

# 维多利亚时代

# THE
# STORY OF
# THE VICTORIANS

人民东方出版传媒
People's Oriental Publishing & Media

东方出版社
The Oriental Press

# 主编寄语

从伦敦东区贫民窟的生活到女王客厅里的政治，维多利亚时代是满足和激发人们探索历史兴趣的丰富源泉。《维多利亚时代》（*The Story of The Victoria*）一书讲述了一个强大的、女王统治时期（1837—1901）的英帝国。这一时期英帝国内外发生了一系列戏剧性的事件。

英帝国的飞速发展伴随着本国工业和经济的快速发展。阅读本书我们可以看到这一切是如何得以创建和维护的——不仅通过商业，还通过一系列持续不断的战争。我们还可以看到这一时期整个英帝国社会的变化。

那些令人印象深刻的人物——从弗洛伦斯·南丁格尔到实业家威廉·海斯凯斯·利华到科学家查尔斯·达尔文，他们的努力仍然影响着当今英国人的生活。

阅读本书，我们还能看到当时普通人的生活，他们从摇篮到坟墓、从工作到娱乐的真实生活。这一时期发生了争夺政治权利和争取生活权利与工作条件的各种斗争。快速的城市化带来了巨大的机遇和挑战，创造了许多新的身份——从铁路工程师到妇女参政者。铁路时代的来临是如何引领社会变革的——从消费主义的兴起到海滨度假的发展。

《维多利亚时代》一书包含许多篇章，其中一些曾在 BBC 相关作品中出现过，另有一些是为了这个特别版本而全新撰写的，希望你们能喜欢。

愿文字激荡你的心。

主编：罗布·阿塔尔

1

# CONTENTS

**104**
**家中陈设与男人的社会地位**

**72**
**近 3 万名童工在英国砖厂工作**

**112**
**贫民窟的治安**

**119**
**南丁格尔的统计学改变了护士的护理方式**

## 时代精神

尤金·伯恩列举了这一时期的几个关键人物。
他们都是维多利亚时代的开拓者和创新者

# 时间线：

# 维多利亚时代

西蒙·摩根带我们梳理维多利亚时代的标志性事件

## 1837 年

威廉四世去世,使得年仅 18 岁的维多利亚公主登上了英帝国的王位。她继承的是一个被极深的社会和政治分歧、不平衡的工业发展和城市恶性扩张折磨得糟透了的国家。

年轻的维多利亚
身着加冕盛装

## 1842 年

贫困和宪章主义者的骚动依然在继续,埃德温·查德威克发表了他的伟大的卫生报告。报告揭露了英帝国因快速、无计划的城市化发展而付出的令人震惊的代价——以疾病甚至生命为代价。查德威克的解决方式是用清水来清洁排水系统,但当局行动迟缓,花了几十年时间来清洁这些城镇。

### 1840 年

## 1839 年

6 月 14 日,在经济十分不景气的情况下,第一份具有历史意义的请愿书——《人民宪章》(《人民宪章》是 19 世纪上半叶爆发的以争取普选为中心的无产阶级政治运动的纲领性文件。——译者注)提交议会。它是一项有近 130 万人签名,并要求通过 6 项要求的法律草案,但是被拒绝了。这使得纽波特起义(又译作"新港起义")爆发,数以千计的人手持长矛和步枪,向纽波特进军,造成至少 22 人死亡、50 人重伤。

## 1845 年

9 月,爱尔兰的马铃薯饥荒已开始出现最初的迹象。马铃薯是大部分爱尔兰人赖以为生的农作物。饥荒一直持续到1850年,这场饥荒导致近 100 万人失去生命和近 100 万人迁往不列颠岛或者美国。

约有 1/8 的爱尔兰人
死于饥荒

1851 年的万国工业博览会展示了维多利亚时代的成就

## 1846 年

在反《谷物法》联盟的长期鼓动下，保守党总理罗伯特·皮尔废除了《谷物法》（规定谷物价格和供应的法律）。这场自由贸易的胜利分裂了该党，使得保守党在接下来的 20 年里成为少数派。

## 1851 年

万国工业博览会在海德公园约瑟夫·帕克斯顿的水晶宫举行。这次展览表明，这个国家越来越适应自己作为一个制造业国家的身份，它渴望摆脱"饥饿的 40 年代"的社会和经济冲突。

## 1850 年

## 1848 年

革命席卷欧洲，随着宪章运动再次高涨，人们担心英帝国将成为下一个陷入纷乱的国家。政府害怕宪章派的第三次请愿（即最后一次请愿）只是借口。尽管进行了大规模军事准备，但起义并未爆发，一切都和平地过去。

讽刺漫画杂志上刊载的漫画：《向议会提交请愿书》

## 1855 年

报纸印花税被废除。报纸印花税实际上是对报纸征收的税种。它的废除，为报刊界开创了一个新时代，使生产低价日报成为可能。因此扩大了新闻读者的市场，并引发包括《每日电讯报》在内的众多新闻媒体产生。

报纸印花税的废除，使得低价出版物种类和数量激增

维多利亚时代　　5

1857 年，威廉·霍德森少校接受莫卧儿帝国皇帝投降

## 1859 年

这一年出版了 3 部影响深远的维多利亚时期的著作：约翰·斯图亚特·密尔的《论自由》成为西方自由主义的试金石之一；查尔斯·达尔文的《物种起源》为进化论提供了令人信服的证据和解释；塞缪尔·斯迈尔斯的《自助力》则成为维多利亚时代个人主义的"圣经"。

## 1857 年

印度民族大起义（英国称为印度叛乱）的爆发，伴随着大屠杀和（后来被证实的）大规模强奸英国妇女和儿童的事件，使整个国家陷入震惊。起义遭到残酷镇压。威斯敏斯特直接负责印度事务，东印度公司被废除。

塞缪尔·斯迈尔斯（Samuel Smiles）的卡通形象。他是那个时代的心理自助大师

## 1860 年

罗斯柴尔德在第一次当选后 11 年才进入议会

## 1858 年

著名的犹太人莱昂内尔·德·罗斯柴尔德（Lionel de Rothschild）于 1847 年在伦敦金融城当选，经过多次争议，最终议员们修改了基督教誓言，从而允许犹太人担任议会议员。这有效地消除了英帝国犹太人最后的权利限制。

## 1860 年

理查德·科布登，反《谷物法》联盟的前领导人，与法国就缔结英法商约进行了长期谈判。在接下来的 10 年里，他为改善英法关系，推行自由贸易做出了不懈的努力，一些历史学家将其视为欧盟的先驱。后来，随着这一体系的瓦解，作为自由贸易的唯一倡导者，英帝国看起来越来越孤立。

理查德·科布登倡导扩大自由贸易和国际合作

阿斯顿维拉足球俱乐部，1879—1880赛季。1863年足球协会批准了这项运动最初的比赛规则

## 1863 年

新成立的足球协会公布了一套规范的比赛规则，这就是后来为人们所熟知的现代足球。一些历史学家将这本规则手册视为历史上最具影响力的出版物之一，认为它为足球成为一项全球性的大众参与的观赏性运动和数十亿英镑的产业铺平了道路。

## 1870 年

来自布拉德福德的下议院议员威廉·福斯特的《初等教育法》（又称《福斯特法案》）建立了一个国家的教育体系，抵制了那些墨守成规者的反对，他们担心这样一个体系将打破教会及民间团体对初等教育的垄断。它反映了人们认为有必要让人接受良好的教育并成为选民。

《福斯特法案》建立了第一个关于儿童教育的国家框架

---

## 1870 年

---

## 1867 年

第二项改革法案由本杰明·迪斯雷利领导的保守党政府通过。该法案旨在让"受人尊敬的"工人男子在议会选区获得投票权，但是不包括那些不体面的"多余的"穷人和临时工。而农业工人一直到1884年格莱斯顿的改革方法施行才获得这一权利。

《笨拙》（Punch）杂志将迪斯雷利刻画成一个教唆犯，借用了拉塞尔勋爵延长特许经营权的计划

## 1872 年

不记名投票作为宪章运动的6大关键之一，最终得以在选举中使用。之前，投票一直公开进行，使得选民容易受到贿赂和恐吓。

不记名投票遏制了土地所有者和雇主对贿赂和恐吓手段的使用

格莱斯顿试图为爱尔兰自治奠定基石，却被讽刺说是他煽动大批人逃往美国

## 1879 年

威廉·格莱斯顿（William Gladstone）为他在苏格兰米德洛锡安选区（Midlothian）的竞选活动进行了大范围的巡回演讲。他是第一位以巡回演讲方式参选的政治家。巡回演讲这种新的政治形式从此也成为主流政治家寻求和吸引大众选民的方式。

## 1886 年

经过查尔斯·斯图尔特·帕内尔领导的自治党多年的鼓动，格莱斯顿向下议院提出了爱尔兰自治法案。这次轮到自由党分裂了，因为格莱斯顿的失败导致了自由统一党的形成，该党最终与保守党联合起来。

## 1880 年

## 1885 年

在记者斯蒂德发起了一场揭露儿童卖淫的运动之后，《刑法修正案》将女性的同意年龄提高到 16 岁。然而，这项保护妇女的里程碑意义的事件，也将成年男性间的"严重猥亵行为"定为犯罪——10 年后，奥斯卡·王尔德成为最著名的受害者。

## 1888 年

布莱恩特和火柴女孩罢工的成功证明了劳工运动在动员非技术工人和女性工人方面取得了越来越大的成功，而这一点以前被工会运动所忽视。所谓的"新工会主义"被视为提高工人阶级生活水平的一个重要因素。

两名伦敦东区的"火柴女孩"在罢工前不久抗议她们恶劣的工作条件

莱奇沃斯花园城市

## 1893 年

由于对自由党的精英主义的不满以及对中产阶级雇主的偏见，在1890年至1891年布拉德福德的曼宁厄姆·米尔斯（Manningham Mills）罢工之后，独立工党成立。1900年，独立工党帮助成立了劳工代表委员会。这成功地促进了1906年几位工党议员的选举产生，也最终使得议会工党建立。

## 1898 年

埃比尼泽·霍华德出版了一本名为《明天：通往真正改革的和平之路》的书。该书认为，英帝国的社会问题可以通过创建新型的社会混合居住区来解决，这种居住区可命名为"花园城市"。接着，霍华德又成立了花园城市协会，建立了莱奇沃斯花园城市和韦林花园城市。他的思想对21世纪的城市规划产生重大影响。

**1890 年**            **1900 年**

## 1897 年

全国妇女选举协会联盟由米莉森特·福西特组织和领导，旨在协调争取妇女选举权的运动。这些"妇女参政论者"不断施加压力，为1918年妇女获得选举权奠定了基础。然而，对进展速度的失望促使激进的"妇女参政论者"在1903年再次出现。

## 1901 年

1月份，维多利亚女王漫长的统治结束了，成千上万的人站在街道两旁，观看她的葬礼队伍。回顾历史，她统治的后半段是一个非常稳定的时期，而她统治前期，在第一次世界大战之前的几年里，爱尔兰、劳资关系和妇女权利等问题日益紧张起来。

维多利亚女王的葬礼。维多利亚女王漫长的统治在她1901年1月22日去世时结束

当时有58%的成年男性有投票权，米莉森特·福西特领导全国妇女争取选举权

本文作者西蒙·摩根博士是利兹贝克特大学的历史系主任。

Dr Simon Morgan is head of history at Leeds Beckett University

维多利亚时代　　9

# 女王和她的国家

# 维多利亚：
# 充满斗志的女王

维多利亚既是英国女王又是印度女皇，这反映了英帝国在她统治时期的长足发展

维多利亚女王统治时期，英帝国成为有史以来世界上最强大的帝国。但是，索尔·大卫解释说，做到这一切不仅通过商业，还通过一系列持续不断的战争。

伦敦肯辛顿宫，早上 6 点，维多利亚公主被她的母亲叫醒，并被告知有两个人要见她。她迅速站起身来，把一件晨衣披在睡衣外面，散乱的头发披在肩上，在起居室里接待两位客人。她认出他们是康宁厄姆勋爵（Lord Conyngham）、肥胖的张伯伦勋爵（Lord Chamberlain），同时在场的还有 70 多岁的坎特伯雷大主教威廉·豪利（Dr William Howley）。他们来自温莎城堡，他们的出现只能说明一件事：她的叔叔威廉四世国王去世了。她后来在日记中写道，国王"今天早上 2：12 去世了，因此我就成了女王"。

维多利亚于 1837 年 6 月 20 日成为女王，时年 18 岁。当时，英帝国是世界上领先的工业强国，煤和铁的供应显然是无限的，蒸汽动力几乎处于垄断地位。伦敦不仅是世界上最大的城市，也是全世界主要的金融交易中心。维多利亚的海军被公认为世界事务的最终仲裁者，而她的军队则沉浸在滑铁卢战役赢得的声誉中。然而，如果说有什么情况正在发生，那就是，英帝国终有衰落的一天。美国独立战争使英帝国的概念弱化了，强大的商业利益集团主张自由贸易，反对 18 世纪帝国体系的保护主义。1837 年，帝国由几代人零星收购的杂乱无章的领土组成，一部分由政府管理，一部分由特许公司管理。

因此，很难相信，在所谓的双重君主制时期，从维多利亚女王即位到她的丈夫阿尔伯特亲王（Prince Albert）1861 年去世，英帝国在亚洲、非洲、南部海域和远东的领土扩张几乎使其规模扩大了 5 倍。到 19 世纪末，它已成为世界上有史以来的最伟大的帝国，覆盖了地球表面面积的 1/4，占世界总人口的 1/4。正是一系列残酷的征服战争使这个巨大的初期增长成为可能。

在这一前所未有的扩张时期，始终处于帝国网络中心，唯一不变的就是令人敬畏的维多利亚女王本人：她塑造、支持，有时还谴责政府的外交政策——但从未忽视它。尽管英帝国君主不再拥有建立或推翻政府的权力，但用伟大的宪法历史学家沃尔特·白芝浩（Walter Bagehot）的话说，

所谓的"双重君主制"，指的是维多利亚和她的丈夫阿尔伯特共同执政，从她 1837 年登基到他 1861 年去世，帝国的规模几乎扩大了 5 倍

他们仍然拥有"三项伟大权利"：被征询意见、提供建议和发出警告。在被严重低估的丈夫阿尔伯特亲王的帮助下，维多利亚充分利用这些权利来影响政府政策。

## 做正确的事情

当然，维多利亚花了些时间来确立自己的政治立场。例如，在1839年至1842年的第一次阿富汗战争中，战争前她听取了部长们的汇报，此时的英帝国在很大程度上扮演了一个被动的角色。1838年10月28日，她的首相墨尔本勋爵告诉她，印度政府动员军队入侵阿富汗是"正确之举"，她没有表示反对。年轻又无经验的她愿意听从首相的建议。

一开始一切都很顺利，英印联军占领了喀布尔，并在1839年8月任命亲英的沙·舒贾（Shah Shuja）为新的君主。但在舒贾极不受欢迎的统治仅仅两年之后，一场大起义在喀布尔爆发，并迅速蔓延到其他主要城镇，有效地将英帝国驻军围困在堡垒和兵营中。在救援几乎无望的情况下，英军在喀布尔的指挥官达成了一项协议，保证所有英军部队安全抵达旁遮普省。从喀布尔灾难性的撤退就这样开始了，直到1842年1月13日，英帝国的威廉·布莱登博士抵达英帝国占领的杰拉拉巴德，撤退才结束。其余的4000名士兵，更不用说1.2万名难民营的追随者了，他们统统在穿越阿富汗东部积雪覆盖的可怕行军中死亡或被俘。

维多利亚女王现在最关心的是英帝国人质的命运，人质当中许多是妇女和儿童。在这个夏天的大部分时间里，随着战争态势在天平上摇摆，她为他们的困境而苦恼。终于，在11月传来了喜讯：英帝国军队重新占领了喀布尔，并释放了"所有"的人质。维多利亚写道，这样的"辉煌成就"值得肯定，她非常高兴地批准授予她的高级指挥官荣誉和一枚战役奖章。这是第一枚为军队颁发的高级奖章。

## 政治平衡

在维多利亚统治的前25年里，英帝国又进行了2场大型战争和8场中型战争。维多利亚女王和阿尔伯特亲王（她1840年嫁给的表弟）对这些人都很亲近，他们是将军和执政官的坚定支持者。女王和阿尔伯特亲王认为这些人在困难的情况下履行了自己的职责。因此，1844年，当印度总督埃伦伯勋爵（Lord Ellenborough）被罗伯特·皮尔爵士领导的保守党政府召回，并对辛德发动了一场未经授权的战争时，维多利亚表达了她的不满。她告诉皮尔爵士，解雇他的决定是"在这个关键时刻非常不明智的，更是对埃伦伯勋爵在印度所做的杰出贡献非常忘恩负义的回应"。这一次，她的反对意见并没有被采纳，不过，不久之后，她对英帝国驻克里米亚的指挥官拉格兰勋爵（Lord Raglan）的支持取得了较大的成功。

1846年，托利党（托利党是英帝国政党，产生于17世纪末，19世纪中叶演变为英国保守党。辉格党和托利党这两个政党名称皆起源于1688年的"光荣革命"，一般认为他们是最早出现的资产阶级政党。——译者注）因废除《谷物法》（*Corn Laws*，或称作"玉米法案"，是一种于 1815 年至 1846 年强制实施的进口关税，以此"保护"英帝国农夫及地主免受来自从生产成本较低廉的外国所进口的谷物的竞争。它规定了国产谷物平均价格达到或超过某种限度时方可进口。其目的是维护土地贵族的利益。——译者注）而分裂，随后出现了长时间的联合政府和少数党政府，君主常常需要维持这种权力的平衡——而维多利亚女王并不吝于利用这种平衡。1850 年，她告诉固执的辉格党外交大臣帕默斯顿勋爵（Lord Palmerston），她一旦"批准了一项措施"，就不希望"被部长随意调整或修改"。一年后，外交大臣帕默斯顿勋爵在路易·拿破仑于法国发动政变的问题上既没有征求女王的意见，也没有征求他的内阁同僚的意见，这使得他最终不得不被迫辞职。

在关于英帝国利益方面，维多利亚最关心的是她的政府是否理解其侵略性外交政策的军事后果。1856 年，她在给外交大臣的信中写道：女王希望在批准这项草案之前问问内阁，是否已经充分考虑过这个宣言对波斯人的后果，这可能会导致战争；如果是这样，他们是否准备好与波斯开战，并提供作战方案。

这对皇室夫妇在情感上和行动上都与那个时期的两场主要战争密切相关：1854 年至 1856 年的克里米亚战争（克里米亚战争是 1853 年至 1856 年在欧洲爆发的一场战争，是拿破仑战争以后规模最大的一次国际战争，奥斯曼帝国、英帝国、法兰西帝国、撒丁王国先后向俄罗斯帝国宣战。一开始它被称为"第 9 次俄土战争"，但因为其最长和最重要的战役在克里米亚半岛上爆发，后来被称为"克里米亚战争"。——译者注）和 1857 年至 1859 年的印度民族大起义（印度称其为印度第一次民族独立战争、1857 年独立战争、1857 年起义，英帝国称之为印度兵变、1857 年叛乱、印度土兵叛乱，是指 1857 年至 1859 年由印度封建主领导的、印度人民反抗英帝国殖民统治和争取民族独立的起义，发生在北部和中部印度，引发大起义的导火索是密鲁特起义。由于英帝国力量较强，印度与宗主国的斗争失败了。由于大起义的失败，加快和加深了印度的殖民化程度，胜利后的英帝国采取了直接统治的方式，大起义导致英帝国政府在 1858 年解散东印度公司，同年正式接管印度殖民地。这次起义由部分印度封建主和下层人民共同参与，被视为印度的第一次民族独立战争。这次起义虽然失败了，但沉重打击了英帝国殖民者，极大地提高了印度人民的民族觉悟，在群众中播下了革命的种子，有力地推动了印度民族独立运动的发展。——译者注）。他们努力使大英帝国远离克里米亚战争——40 年来的第一次欧洲冲突——但当战争不可避免时，他们又投入精力支持军队。在苏格兰卫队向战场出发时，维多利亚写道："他们列队完毕，举着武器，然后热情地向我们欢呼，再欢呼。这是一幅美丽动人的画面。许多悲伤的朋友在那里相互握手，我最美好的祝福和祈祷将与他们同在。"

## 女王织的袜子

当英帝国军队在克里米亚因缺乏物资和组织而陷入困境时，维多利亚女王亲自监督救济委员会，编织冬衣（并鼓励她的女儿和宫廷侍女们也这样做），并大力支持弗洛伦斯·南丁格尔的努力。她还看望了医院里的残疾士兵，并在1856年创立了"维多利亚十字勋章"（Victoria Cross），这是第一个针对全员的英勇勋章，是对那些曾在克里米亚服役的人的纪念。阿尔伯特在建立爱国基金（Patriotic Fund）方面发挥了重要作用，该基金为死者的遗孀和孤儿筹集了100万英镑。

在印度民族大起义期间，维多利亚女王对战争中的暴行表现得体恤和宽容——"他们应该知道没有人对棕色皮肤有仇恨"——这在很大程度上平息了大英帝国媒体和公众近乎歇斯底里的要求"用火和剑"报复的呼声。也正是她，在1858年将权力从东印度公司移交给国王的《公告》中，宣布了包含有保障宗教自由的条款。阿尔伯特巧妙的外交手段甚至可能避免了1861年12月英美之间的战争。但几天后他的死宣告了一个时代的终结，这不仅因为女王退出公共生活多年，还因为即使在1866年她重返公共视野，再也未像和他在一起时那样高效和有影响力。迪斯雷利也承认了这一点，他写道："阿尔伯特亲王被埋葬了，我们的君主也不见了。这位德国王子统治大英帝国21年了，他拥有我们的国王从未表现出来的智慧和能力。"

此外，阿尔伯特的去世与帝国扩张的轴心从亚洲向非洲的转移同时发生，这反映了英帝国政府在商业和战略重心方面的变化。在阿尔伯特生前，非洲只有两场小规模的战争发生（在开普边境），而在亚洲则发生了10场战争。然而，在他死后，维多利亚的军队发动的15场重大战争中，有11场发生在所谓的"黑暗大陆"（殖民主义者对非洲的蔑称。——译者注）上。

最终，英帝国的基本特征发生了变化。在印度民族大起义之前，大多数英帝国民众认为英帝国是"传播文明的强大力量"。然而，印度民族大起义事件如此血腥，以至于当它结束时，许多英帝国民众得出结论，认为英帝国的臣民难以文明化。因此，帝国统治不再是一种使命，而成为一种责任——或者，正如拉迪亚德·吉卜林（Rudyard Kipling）说的那样，"白人的负担"。

---

本文作者索尔·大卫出版的关于维多利亚时期战争的书有《维多利亚时期战争：帝国的崛起》（企鹅出版社，2007）。

Saul David's books on the wars of the Victorian period include *Victoria's Wars：The Rise of Empire*（Penguin, 2007）

## 发现更多

### 图书

▶《英国被遗忘的战争》，伊恩·赫尔农著（历史出版社，2007）

▶《维多利亚时代的军事战役》，布莱恩·邦德著（斯佩尔蒙特出版社，1994）

▶《维多利亚女王的小战争》，拜伦·法威尔著（诺顿出版社，1985）

▶《克里米亚：十字军的最后一战》，奥兰多·菲格斯著（企鹅出版社，2011）

### BOOKS

▶ *Britain's Forgotten Wars* by Ian Hernon（History Press，2007）

▶ *Victorian Military Campaigns* by Brian Bond（Spellmount，1994）

▶ *Queen Victoria's Little Wars* by Byron Farwell（WW Norton，1985）

▶ *Crimea：The Last Crusade* by Orlando Figes（Penguin，2011）

# 大英帝国的
## 八大问题

1935年，《伦敦新闻画报》乔治五世周年纪念版的封面上充斥着英帝国的图片。维多利亚所统治的帝国势力范围直到第二次世界大战后才开始收缩

维多利亚时期的疯狂扩张建立了一个势力遍布全球的庞大帝国。在这一章中，历史学家们探讨了英帝国历史进程中的一些重要事件和历史遗留问题。

# 1 大英帝国到底指什么

普林斯顿大学 琳达·科利教授

这似乎是一个基础性的问题,但我们可能会忽视它。人们经常假定他们知道大英帝国是什么,但实际上,大英帝国是一个概括性的术语,是一个涵盖了多种不同时空、不同权力类型、不同帝国关系的总称。

在影响人们的认知方面,最具影响力但也最具有欺骗性的资料之一是那张著名的维多利亚时代的世界地图,图中,大英帝国的每个部分(图中包含被英方侵略的殖民地。——译者注)都被涂成了红色。这给了我们一个关于大英帝国的刻板印象。这样来说,那些以非正式的经济、文化等方式被大英帝国统治的国家算不算呢?例如,从很多方面来说,阿根廷在19世纪基本上是由大英帝国统治的,但它没有被染成红色,因为它不是大英帝国正式的一部分。同样,在19世纪的大部分时间里,美国在经济和文化上都以某种方式依赖于大英帝国。

英方通常认为,如果他们可以统治一个地方,而不必费事去控制和管理它,也不用派遣军队驻扎,那他们为什么还需要一个正式的统治呢?如果像在阿根廷那样,他们可以建立铁路,使之为大英帝国的商业利益服务,同时他们支配银行和投资结构,那么他们就不需要进行正式的统治。

大英帝国不是一个固定的地理和政治实体,它经历过很多变迁。在19世纪晚期的新西

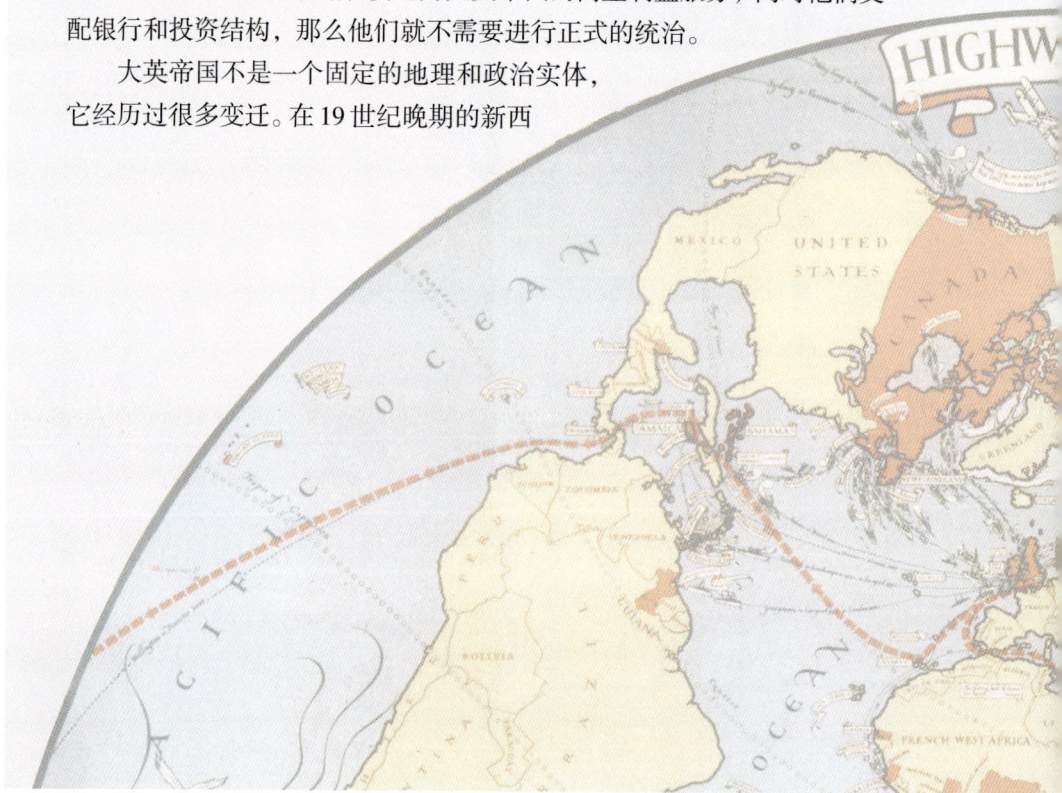

兰，那里几乎给予了白人足够的民主——比不列颠民主多了。但在非洲的大部分地区，民主只是一个遥远的梦想。权力统治的实质总是千差万别。

　　还有一点，人们对大英帝国在哪里已经有了先入为主的观念，以至于常常忘记其他的，比如，大英帝国的那些欧洲前哨。梅诺卡、直布罗陀、塞浦路斯和马耳他等海军基地使大英帝国皇家海军能够在很长一段时间内控制地中海，这从各方面来说都至关重要。我怀疑，在一定程度上，由于当前对种族政治的兴趣，人们往往会不加审视地认为，大英帝国的含义在某种程度上是关于大英帝国白人侵略并统治欧洲以外的非白人国家——这无疑是一个方面，但是实际上还有很多其他形式。

　　确定大英帝国在不同时期分别指的范畴，以及大英帝国究竟存在着什么样的变体，是至关重要的，因为选择哪个版本的大英帝国来关注往往会影响历史学家所著的关于它的历史事件。可能会有某种诱因，让人们只选择大英帝国的特质中那些支持自己论题的部分。因此，兼收并蓄和求同存异的观点就显得尤为重要。

本文作者琳达·科利是《不列颠人：锻造国家1707—1837》（耶鲁大学出版社，2009）的作者。
Linda Colley is the author of *Britons：Forging the Nation 1707-1837*（Yale University Press，2009）

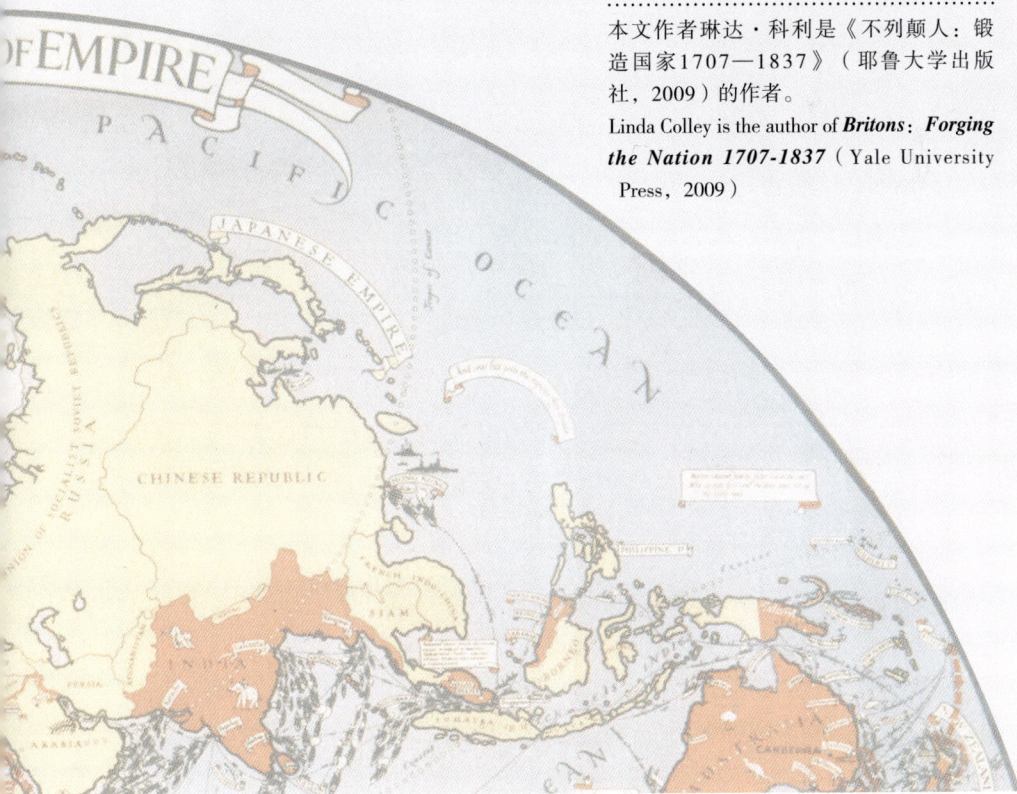

1944 年圣诞节，印度勒克瑙一家军队医院的护士

# 2 大英帝国确实就是英国吗

兰开斯特大学　约翰·麦肯齐教授

"大英帝国"一词在 1707 年的议会联盟中被普遍使用。我认为使用这个短语背后有一个理论立场，那就是"大英帝国"一词的存在是为了消除不列颠群岛之间的种族差异——爱尔兰人、苏格兰人、威尔士人和英格兰人之间的差异。当时的理论是，真正的不列颠人将会摆脱他们大英帝国的身份，但我相信事实是恰恰相反的。

移民们从不列颠的领土上移居到大英帝国其他领地，他们没有称自己为不列颠

人，而是经常与他们在不列颠的原始民族保持联系（此处指的是称自己为英格兰人、苏格兰人、爱尔兰人等。——译者注）。民族分歧一直持续，这一点在随后非常突出，因为当民族主义运动开始发展——特别是在爱尔兰——他们的全球影响力日益增强。

组成大英帝国的每个种族都为之做出了不同的贡献。很明显，如果去统计就会发现，人口中的大多数是英格兰人，一般来说，英格兰的行政制度和英格兰的普通法在帝国各地被复制，连同公立学校也遵循了英格兰模式。然而，尽管英格兰国教认为它应该是头号角色，但这一地位并未被承认。帝国内部有太多的阻力以及形形色色的基督教教派立场，所以英格兰圣公会的模式从未确立。这也说明了英格兰式的风格模式是如何遭到抵制的。

爱尔兰人做出的一个巨大贡献是罗马天主教，如果你看看遍布大英帝国的天主教神父和修女就能发现，他们几乎都是爱尔兰人。爱尔兰人在教育方面也有很大的贡献。他们贡献了大量的医生，而且他们的影响力在大英帝国军队中也非常强大。大英帝国的许多重要的将军都是爱尔兰人。苏格兰启蒙运动在帝国逐渐变得重要。例如，许多大学都是由苏格兰人按照苏格兰模式建立的。此外，苏格兰毕业生太多了，所以有很多苏格兰医生、工程师、林业工作者、植物学家和教师。这就是在 19 世纪，像贾·弗劳德这样的评论员在大英帝国势力范围内四处奔走时，总是在评论苏格兰人无处不在的原因之一。

威尔士人的传教活动非常活跃，在印度和其他地方都有出现。威尔士语随处可见。威尔士人因为他们为帝国提供用作燃料的煤炭和他们的采矿业而具有广泛的影响力。当你在帝国周围建立矿山时，会发现通常都是威尔士人或康沃尔人在那里居住。

我认为你们可以通过来自英格兰、苏格兰、爱尔兰和威尔士的线索来确认我所谓的四国帝国理论，他们从未完全融合成为所谓的不列颠化。所以当我看到所谓的大英帝国时，实际上我看到的是一部分苏格兰帝国、一部分爱尔兰帝国、相当大的英格兰帝国以及一部分威尔士帝国。

......................................................

本文作者约翰·麦肯齐是《苏格兰与大英帝国》（牛津大学出版社，2016）的作者之一。
John MacKenzie is co-editor of *Scotland and the British Empire*（Oxford University Press，2016）

# 3 商人对大英帝国始建有多重要

诺丁汉大学 谢丽琳·哈格蒂博士

关于何时开始构建大英帝国有很多争论，但我认为大英帝国始于 16 世纪，也就是大英帝国人开始横跨大西洋的时候，一直持续到 1807 年英国奴隶贸易结束。这是一个商业帝国，商人是不可或缺的一部分。

与西班牙或葡萄牙等国相反，大英帝国进入大西洋世界的时间相当晚。当英帝国人到达时，所有的金银，作为相对来说能代表一个国家财富的物品，大部分已经被伊比利亚的列强占据了。和大家想象的相反，英帝国人不得不种植烟草和糖，但国家认为这些作物没有贵金属那么重要，也就没有直接投资它们。所以，后来发展成为种植园、殖民地的贸易公司是由商人资助的，是他们承担了早期的风险，如果没有他们，大英帝国可能永远不会诞生。

商人与国家之间形成了一种积极的共生关系。大英帝国皇家海军以护航的形式提供了援助，并在战后进行谈判，签订有利的条约，另外还在海关和消费税上压低税收，而商人承担了前期风险，他们代表国家开拓殖民地。

这些商人拥有的知识一定多得令人惊讶。他们必须了解各种商品对应的不同市场，以及如何管理汇率。所有这些都必须在战争期间以及信贷危机带来的高度不确定性时期进行。在"有限责任"出现之前，这也意味着会有金融风险。如果搞砸了，你会失去一切。

一些商人参与了奴隶贸易，这是在殖民地种植糖和烟草获取高额利润不可或缺的一部分。我们现在觉得这很可怕，但在当时，他们只是在做国家 200 年来一

这幅18世纪的版画反映了弗吉尼亚州烟草贸易的蓬勃发展

直鼓励他们做的事情。这就是为什么
1807 年成为大英帝国的一个分水岭，
因为它改变了国家和商人之间古老的
共生关系。

本文作者谢丽琳·哈格蒂是《仅仅为了钱？1750
年—1815年英国大西洋的商业文化》（利物浦大学
出版社，2012）的作者。
Sheryllynne Haggerty is the author of *'Merely for
Money'? Business Culture in the British Atlantic*,
*1750-1815*（Liverpool University Press，2012）

# 4 美国独立战争对大英帝国有什么影响

哈佛大学　玛雅·贾萨诺夫教授

过去流行的观点是，美国独立战争可以称为第一英帝国和第二英帝国的分界线。第一英帝国的特点是，它是一个围绕大西洋建立的殖民帝国，在某些方面是不列颠的

奥古斯特·库德（Auguste Couder）1836 年的画作。乔治·华盛顿（George Washington）和德·罗尚博伯爵（Count de Rochambeau）下令攻打约克城

延伸。第二英帝国的特点是，它主要面向亚洲，直接统治的对象明显不是不列颠人。

我的观点是，尽管美国独立战争后情况有所改变，但仍有一些重要的连续性。例如，大英帝国在独立战争后仍然是围绕大西洋的帝国，在加拿大依然有许多殖民地。我认为以此来把"不同的帝国"作为论题是不对的。

美国独立战争无疑是一次严重的阻挠，但我认为，它同时对大英帝国也产生了积极的影响。失去了 13 个殖民地，这让大英帝国的统治者和政治家们用另一种眼光看待留存下来的大英帝国，并思考未来治理帝国的新方法以及它与当时归帝国管理的其他国家间的关系。

大英帝国人确实认识到需要采取某些措施来取悦帝国的臣民。他们意识到，应该给予人民法治，而不是对他们征税过多。所以最具讽刺意味的是，美国的爱国者们站起来高喊着口号，"没有代表权就不纳税"，然而实际上则是加拿大的保皇派赢得了这场税收之战，因为在美国独立后，大英帝国对他们征收了极低的税。

那些留在大英帝国的前美国效忠者在革命之后扮演着重要的角色。在失去了 13 个殖民地后，他们是英帝国发展的主要推动者和倡导者。实际上，他们是一批忠于美国的人，曾与詹姆斯·库克（James Cook）一起航行，库克在 18 世纪晚期首次提出殖民澳大利亚。也确实是这些效忠者，主张在加拿大的部分地区增加定居点。

虽然美国不再是大英帝国的一部分，但它直到内战爆发前，都与英帝国的联系非常紧密，在某种程度上，甚至持续到了内战之后。两国在经济上都非常依赖对方，美国是大英帝国的主要贸易伙伴，它也是英国人移民的主要目的地。因此，当我们把大英帝国看作一个通过贸易、移民和文化纽带联系在一起的全球性实体时，我们应该记住美国持续地参与其中的方式。

本文作者玛雅·贾萨诺夫是《自由的流放：美国的失落与大英帝国的重建》（哈珀出版社，2012）的作者。

Maya Jasanoff is the author of *Liberty's Exiles：The Loss of America and the Remaking of the British Empire*（HarperPress，2012）

1911年，乔治五世国王和玛丽女王在德里举行加冕典礼

# 5 印度对于大英帝国来说价值何在

伦敦城市大学　丹尼斯·贾德教授

　　1901年，印度总督寇松勋爵（Lord Curzon）说："只要我们统治印度，我们就是世界上最强大的力量。如果我们失去它，就会直接沦为一个三流国家。"我认为寇松犯了过于简单化的错误。

　　事实上，大英帝国之所以成为世界上第一个超级大国，是因为它在工业革命中的起步迅速、在金融和制造业中占据主导地位、拥有巨额财富、拥有稳定的政治体制、拥有全球的皇家海军霸权地位以及它庞大的全球性。印度只是借助大英帝国这些优势的副产品，并不是大英帝国之所以成为超级大国的原因。尽管如此，外国的观察者（包括希特勒）依然倾向于将大英帝国在印度的统治视为一项巨大的获益，许多大英帝国人——比如温斯顿·丘吉尔——强烈反对任何在印度次大陆下放权力的举动。

　　但印度对大英帝国的价值远比简单地给国家带来的声望要实际得多。印度对大英帝国经济至关重要。到20世纪初，英国与印度的贸易不仅占了印度海外贸易的1/5，而且英国每年的贸易顺差也很大。英国向印度提供的贷款获得了可观的利息回报，印度的税收和收入用于支付英国政府人员在印度的工资和养老金。

　　大量的英国资本被投资到印度，在铁路系统方面，英国政府实际上保证了英国投资者的最低回报率。此外，印度军队是英国执行外交政策的现成的人力资源，而且完全不需要花英国纳税人的钱。

　　在两次世界大战开始时，印度军队扩充了几百万人。到1900年，印度近40%的收入用于军事。统治印度使英国成为一个军事强国，军事力量可以与法国或俄罗斯比肩，而且又不必诉诸不受欢迎的权宜之计——国内征兵。难怪印度经常被称为"帝国皇冠上的宝石"。

本文作者丹尼斯·贾德是《帝国：从1765年到现在的大英帝国经验》（IB陶里斯出版公司，2011）的作者。

Denis Judd is the author of *Empire*：*The British Imperial Experience from 1765 to the Present*（IB Tauris，2011）

# 6 鸦片为大英帝国提供了资金吗

伦敦大学伯贝克学院　茱莉亚·洛弗尔博士

　　鸦片贸易是被大英帝国遗忘的恶行之一。我们还记得大英帝国时期的其他可耻的事件，比如奴隶贸易，或者几个世纪以来制度化的种族主义。但是鸦片贸易，以及 19 世纪 40 年代和 50 年代大英帝国与中国的鸦片战争对大英帝国的运作来说至关重要，但如今在英国却鲜为人知。

　　鸦片（一种从罂粟中提炼出来的毒品）在英属印度被大量种植，并从印度船运到中国南部海岸，在那里被出售换取白银，再被英帝国商人用来购买茶叶。后来，这种茶传到了大英帝国本土，在它消失在英帝国人的茶杯中之前，政府征收了关税，这些关税支付了大英帝国皇家海军很大一部分费用，因此，可以说是鸦片帮助大英帝国维持了生计。驻扎在亚洲的殖民政府也广泛地从鸦片种植垄断企业的管理中获得资金。直到 19 世纪 50 年代，鸦片收入占英国政府在印度收入的 20% 以上，是帝国经济的重要组成部分。

　　在 19 世纪的大部分时间里，这个行业都在发展。1800 年至 1839 年，英属印度对中国的鸦片销售增长了 10 倍：1800 年，英属印度每年向中国出口约 4000 箱鸦片；到 1839 年，年出口量已经增加到近 4 万箱。英国不仅从毒品中获利，它也为它们而战。1839 年至 1842 年和 1856 年至 1860 年，中国政府拒绝将鸦片走私合法化，英帝国借机发动了对华的侵略战争。1860 年签署的不平等条约《北京条约》结束了第二次鸦片战争，最终迫使毒品在中国合法化。

　　为什么鸦片贸易没有得到更多更深刻的理解和关注呢？一位历史学家谈到，为什么我们会对奴隶贸易的记忆更清晰，是因为发生在英本土的废奴运动给我们留下了深刻的印象并取得了圆满的结局。19 世纪末期，英帝国对鸦片贸易的态度更加矛盾，鸦片贸易在 20 世纪初才勉强停止。

　　但是，即使英国尽其所能要忘记鸦片贸易的过去，这也是一段当今全球政治能产生共鸣的历史。在中国，鸦片战争是公众记忆的焦点，被视为西方长期、持续地侵略中国的开端。要理解中国与西方的复杂关系，你必须了解英国在鸦片贸易中扮演的丑陋角色。

....................................................

本文作者茱莉亚·洛弗尔是《鸦片战争：毒品、梦想与中国制造》（骑马斗牛士出版社，2012）的作者。
Julia Lovell is the author of *The Opium War: Drugs, Dreams and the Making of China*（Picador, 2012）

19 世纪法国的一幅讽刺画：《一个背着鸦片箱的英国老巫婆》

# 7 当大英帝国逐渐萎缩之时，不列颠本土变富有了吗

斯旺西大学　休·鲍文教授

有人会认为，不列颠本土变得更富有了，而当时大英帝国统治范围内的其他国家变得更贫穷了，因为帝国的全部意义就在于剥削。但事实证明，要明确指出哪个国家或者哪部分人从大英帝国受益并不容易。

我对印度很感兴趣，因为印度的历史学家一直无法确定地量化印度次大陆的"财富流失"。然而，如果你看看不列颠的土地上，"东印度"的财富大量注入工业、土地购买、获取乡村房屋所有权等，你就会开始对帝国的获益有一个更深刻的认识。帝国建设的积极参与者带来了大量的金钱，这些人去了印度，然后带着大量不义之财回来。但帝国的被动参与者——那些在国内投资海外企业的人——从更广泛的意义上受益于帝国的扩张。某些就业群体尤其受益于大英帝国的扩张，其中包括那些支持大英帝国的海洋产业，那些出口商品供应商、武器制造商和军火供应商都从中获利。

然而，整个大英帝国内的分布并不均匀。一些特定地区，如苏格兰和威尔士的部分地区，以及伦敦，都与大英帝国有着密切的联系。可以说得更具体一点，例如，西方国家的部分地区通过向次大陆进行的大宗出口，为其萎靡不振的羊毛纺织业带来了持续的利益。

印度发生了什么是一个复杂的问题。英帝国企业刺激了大规模的出口贸易，否则这么大规模的进出口可能永远不会出现。然而，毫无疑问，从长远来看，印度经济的某些部门确实受到帝国主义的严重打击——自19世纪30年代以来，从兰开夏郡和苏格兰进口的廉价棉花严重损害了印度的棉花产业。

从整个帝国的利益分析，我认为非洲民族主义者会描绘一个大致相似的画面。为了充分证明帝国的影响力，你必须把大英帝国的相关国家与不列颠的特定地区联系起

1912年，官员们在克莱德班克造船厂检查正在建造的库纳德班轮"阿基塔尼亚号"

来，进行大量的案例研究。就目前的
情况来看，我们对于大英帝国对英本
土的经济影响程度只有一个模糊的
认识。

本文作者休·鲍文是《威尔士和大英海外帝国：互
动与影响，1650—1830》（曼彻斯特大学出版社，
2011）的编辑。
Huw Bowen is editor of *Wales and the British Overseas
Empire: Interactions and Influences, 1650-1830*
（Manchester University Press，2011）

# 8 英本土人民及整个大英帝国的人民是否都认为自己是英国的一员

伦敦国王学院　彼得·马歇尔教授

　　感觉自己是一个英国人——这从来就不是不列颠群岛人民的专属。在美国独立战争前夕，在英属的 13 个殖民地，人们有一种强烈的意识，那就是：只要你是白人和新教徒，那么你就是不列颠人，或者更确切地说——是英国人。然而，

这并没有把美国人包含在内。对于作为一名不列颠人或英国人意味着什么，人们有不同的看法。美国人常常觉得，他们比英国人自己更像自由出身的英国人。

19世纪后期，英国人的共同身份认同感非常强烈且普遍，尤其是在澳大利亚、加拿大、新西兰和说英语的南非的英国裔人群中。这种情况一直持续到 20 世纪，并随着这些国家在两次世界大战中投入颇多而达到顶峰。

帝国统治范围内的许多非欧洲人也会认为自己是英国人。加勒比海地区的人们，以及非洲南部的混血儿，或者印度、巴基斯坦和斯里兰卡的精英阶层，可能都会对英国的价值观有强烈的认同感。安德烈娅·列维的小说《小岛屿》讲述了牙买加人的故事，他们认为自己是英国人，他们对在英国被以非英国标准对待而感到沮丧。

因此，英国人的认同感并不仅仅是由伦敦那里强加给人们的。这是帝国的人自发的身份认同感，有时甚至还会以英国价值观的名义反对伦敦。

英本土人民与帝国的人民有很大的不同。热心者试图传播帝国和后来的英联邦统一的理想，而与海外家庭联系和就业的经历使这些理想对许多人来说有了些实质性的内容。然而，令人怀疑的是，英国人是否曾经有过共同的身份认同感。对所有帝国人民的傲慢和对非欧洲人民的赤裸裸的种族主义是非常普遍的。

本文作者彼得·马歇尔教授是《重塑英属大西洋：美国独立后的美国与大英帝国》（牛津大学出版社，2015）的作者。

Peter Marshall is the author of *Remaking the British Atlantic：The United States and the British Empire after American Independence*（Oxford University Press，2015）

# 达尔文与上帝

"最伟大的革命家"查尔斯·达尔文。摄于1874年。他关于生物通过自然选择起源和发展的理论改变了我们对自然世界的认识。不过，根据约翰·范怀伊的说法，他并没有直接质疑上帝的存在

查尔斯·达尔文发表了进化论，揭示了地球上生命的起源。但是，约翰·范怀伊问道，这位博物学家真的引起了教会和科学之间的巨大冲突吗？

很多人会认为，查尔斯·达尔文（Charles Darwin），这位维多利亚时代的圣人，之所以被印在 10 英镑的钞票上，是因为他发现了人类是由猿进化而来的。然而事实上，他并没有做过这件事。达尔文之前的作家们已经把人类、猿类和猴子联系在了一起，因为这三者有明显的生理相似之处。而达尔文的著名理论并不是专门针对人类祖先所述的。

达尔文的理论——其中最著名的是 1859 年的《物种起源》（*The Origin of Species*）——其内容是如此广泛，以至于可能需要一幅简明的插图来帮助说明它的全部内容。"达尔文说我们来自猴子"这一论断也许是可以迅速理解达尔文理论的概述——它至少概括了物种的变化和人类是从非人类祖先进化而来这一概念。当然，这还远远不够，因为人类并不是我们今天所看到的猴子的后代，正如你不是你的表亲的后代一样。

达尔文试图回答这个问题，新物种是如何形成的？它们来自哪里？它们的起源是什么？他的理论不仅仅是关于生命起源这个问题。尽管达尔文认为这个问题最终会有一个完美而自然的解释，但这已经超出了当时科学研究的能力。

## 想象多过事实

我们经常听说，当《物种起源》出版时，科学界和宗教界之间发生了历史性的冲突和强烈的抗议。这可能更多的是人们的想象而非事实。这样的故事现在能够被讲述和反复提起，只是因为我们忽略了在 1859 年的时候，什么是新鲜事物，什么事不那么令人震惊。今天那些被普遍认为是达尔文书中的内容，实际上大部分在它出版前大约半个世纪就已经出现了。有说法认为，在《物种起源》中，不仅提出了一个新的、雄心勃勃的理论——进化论，而且认为地球历史超过了 6000 年，并有渐进的化石记录，它也提出了人类的确切血统。根据这一著名理论的描述，所有这些都呈现在那些认知狭隘、思维有偏见的公众面前，那些认为《创世纪》（*Genesis*）字面上的含义就是真理的人的面前。那的确可以形成一场历史性的冲突。但事实上它并未发生。

维多利亚时代的公众首先阅读的是《物种起源》或者读到《物种起源》的相关知识点，在大多数情况下，他们并不是《圣经》的教条主义者。几十年来，科学和宗教领域最开明的作家们都接受了《旧约》的大部分内容，尤其是《创世纪》，必须以隐喻的方式来解读。一些人认为创世故事只涉及最新的地质时期——也就是人类出现在地球上的时期。

达尔文所作出的贡献有目共睹。如今，地质学已经成为一门复杂的科学。谁也不知道地球的年龄究竟有多大，但从所描述和分类的大量地质构造中可以清楚地看出，这么长的年代一定要花费比想象中更长的时间，也许是许许多多个数百万年。直到发现了放射性物质，精确地测定岩石和地球本身的年代才成为可能。

化石记录着一个又一个已经灭绝的"生物"的年代，这已是世人皆知的旧闻了。几乎所有人都认为,这些相继形成的生物化石是通过最古老的岩石不断演变到新岩石的。在古老的岩石中保存着原始的生物。贝类在鱼类之前,也在两栖动物之前,更先于爬行动物和哺乳动物。无论在世界上任何地方都是这样。事实上,地质地层的断代是根据它们所包含的化石进行的——因为岩层的演替顺序已经被非常详细地研究出来了。那个时代并没有人类化石被发现,因此这些古老世界的存在远远早于人类的诞生。

另一个普遍的看法认为,达尔文的著作震惊了维多利亚时代的宗教颠覆了价值观。事实上,在此之后的几十年里,人们把大部分的精力花在了创作激进的自然主义作品上。乔治·康比(George Combe)的《人类宪法》(*The Constitution of Man*)(1828)和匿名出版的《创造自然史遗迹》(*Vestiges of the Natural History of Creation*)(1844)等书让读者大为震惊,他们对控制包括人类在内的整个宇宙的自然法则的看法,几乎没有给上帝留下任何位置。所有的历史进程都是进化的杰作,从旋转的尘埃云创造太阳系开始,以预言人类将继续发展成为更为高级的生物而告终。

这些书也被大量的读者阅读。到19世纪末,《创造自然史遗迹》已经卖出了大约4万册,《人类宪法》更是卖出了惊人的30万册。相比之下,《物种起源》到1900年只卖了5万册。

### 缓慢的开始

由于《人类宪法》和《创造自然史遗迹》造成的影响,人们建立了反对它们的社团,至少在相关案例中曾记载它们被公开焚烧。而出版时间较晚的《物种起源》和它的作者并没有这样的待遇。事实上,到了1859年,这样激烈的反应已经过时了。

但是,如果说《物种起源》没有引起轰动,那就大错特错了。因为这本书,无数的评论浮出水面,众多表示支持或者反对书中观点的小册子和书籍纷纷问世。因为他的《贝格尔号航行》的研究日记(即现在为人所熟知的《小猎犬号航海记》),以及许多其他重要的科学贡献,达尔文早已家喻户晓。这一切都表明他的观点必须得到认真对待。

所以,维多利亚时代的读者们看到了当时科学界的领军人物之一出版了一本旨在建立与长期以来的信念背道而驰的著作,书的内容与人们长期以来的信念相悖,说的是新物种并不是在每个新的地质时代以某种方式被创造出来的,它们实际上是早期物种的直系后代,这些都随着周围环境的变化而逐渐改变。因此,所有现存的和已灭绝的物种都是在一个庞大的物种谱系上联系在一起的——这就是生命之树。

一幅蓝黄唐纳雀的雕刻,摘自达尔文的《小猎犬号航海记》(第三部分:鸟类,1839)

达尔文理论的一个很好的出发点是关于动物和植物是如何演变的，人们最熟悉的例子就是驯化。达尔文解释说，由于农民或培育者选择具有特定特征的个体进行繁殖，因此他们在饲养的羊群或作物中所需要强化的特征的比例就会增加。而后经过数代人重复这个过程，这一非凡的进化过程正在悄然发生着。例如，饲养者对一些家鸽进行了巨大的改造，以至于如果自然学家在野外发现它们时，这些家鸽完全会被描述为不同的物种。此外还有漂亮纹理的牛肉，腿太短跳不上篱笆的羊，等等。

达尔文认为，如果曾经在地球上生活过的每一种生命形式都重新出现，它们可能会与现在的另一种同时存在，父母与后代——没有任何地方能够指出一个物种在哪里停止（当然，灭绝除外），另一个物种从哪里开始。相反，人们会看到一个无穷无尽的个体链，其中每个后代与其祖先的差异并不比任何子女与其父母的差异大。

然而，对数千种生物的详尽研究的结果表明，在所有个体之间都存在着不断丰富的多样性或细微的差异。达尔文已经从"长期持续的对动植物习性的观察"中知道了这一点，并受到了托马斯·马尔萨斯严酷的种群理论的启发。因此，他认识到每年产生的绝大多数生物——从卵子到种子再到花粉——没有生存下来进行繁殖。如果它们这样做了，那么几百代之后整个地球都会被其中任何一个物种所覆盖。因此，大多数个体都被消灭了。也因此，幸存下来并得以繁衍的极少数实际上是通过一场生存之争之后存活下来的。它们能做到这一点是因为它们拥有正确优质的特性，这些特性让它们通过了挑战。

达尔文的理论激发了人们各种各样的反应。在科学界，他们从轻蔑地拒绝到热情地支持。达尔文广泛的论据和研究成果让许多人相信他发现了博物学家一直在寻找的生物间隐藏的联系，这种联系解释了所有不同的属和种是如何发生联系的。突然间，地球上所有生命的历史、世界各处的分布以及形成适应性的关键都被一一破解了。

有作家认为达尔文的观点是对造物主在自然界中所扮演角色的攻击，并在道德和精神层面以及人类的抱负之间造成了裂痕。达尔文的理论认为，人类并非起源于上帝之子，而是起源于野兽。

其他人，比如查尔斯·金斯利牧师，却有不同的看法。他热情地写信给达尔文，介绍他的理论。事实上，正是因为他的赞赏，达尔文才获准在《物种起源》第二版中引用这封信：

一位著名的作家和神写信给我说，他逐渐学会去理解，这是一个崇高的神的概念，相信他创造了一些原始的形式，能够自我发展成为其他必要的形式；也相信他需要一个新的创造行为来填补他的理论体系中的空白。

因此，对于金斯利一类的宗教思想家来说，达尔文发现了一条上帝统治自然界的新法则。对于这样的思想家来说，将达尔文的观点与他们的宗教相调和是相当合理的。

在人们接受达尔文理论的过程中，最著名的事件可能就是所谓的赫胥黎与威尔伯福斯之争。事件发生在 1860 年 6 月 30 日，牛津大学新图书馆内举行的英国科学促进

商业讽刺杂志《大黄蜂》讽刺达尔文为"一头受人尊敬的猩猩"

会的会议上。对于当时所发生的事情，有许多说法，有的叙述互相矛盾。据说，塞缪尔·威尔伯福斯主教问赫胥黎，他是否声称自己是猿猴的后裔？他祖母祖父谁是猿猴？据说当时赫胥黎回答说，他宁愿是猿猴的后代，也不愿是一个用自己的才能在严肃的科学讨论中嘲笑别人的人。显而易见，在这场关于科学与宗教之间的冲突中，我们可能永远也不知道他们在这场辩论中到底说了些什么。无论如何，我们所知道的是，科学界对达尔文的理论进行了激烈的辩论。

在《物种起源》出版后不久，骨相学家和植物学家沃森也加入了这场辩论，他给达尔文的信中写到：

你的主要观点肯定会被公认为科学的真理，即"自然选择"。它具有一切伟大的自然真理的特点，它能澄清模糊的事物，简化复杂的事物，大大增加以前的知识。就算不是所有时代，你也是本世纪自然史上最伟大的革命者。

## 根深蒂固的思想

越来越多的科学家发现，达尔文的理论对他们各自的专业领域来说很有意义。这样一来，很快就出现了支持并赞扬达尔文思想的文章和书籍。

1861年，刚从巴西回来的博物学家亨利·沃尔特·贝茨（Henry Walter Bates）指出，自然选择可以解释南美洲蝴蝶的拟态之谜。贝茨发现，许多颜色鲜艳的蝴蝶都没有被鸟类吃掉，因为它们对鸟类来说非常不好吃。无论这种蝴蝶在哪里存在，即使是来自不同科的蝴蝶——已经进化得惊人地相似了。最重要的是，这些模仿者中，与不可食用的物种的相似度更高，它们被鸟类遗弃的概率也就更大。

达尔文的观点有着一群有影响力和积极的科学支持者，包括胡克、华莱士、赫胥黎，在某种程度上还有查尔斯·莱尔。这些人和其他受人尊重的人物的共同支持，加上达尔文的研究本身具备的巨大说服力，使以前关于物种永恒性的观点发生了戏剧性的颠覆。

随着时间的推进，各种各样的评论纷纷出现，达尔文进化论阐明的事实，不同物种的共同祖先，这些观点越来越被人们所接受。它提供了许许多多的不同种类的证据，而这些证据用在此之前的理论是无法解释的。事实上，到1869年左右，也就是《物种起源》问世10年后，大多数科学家已经认同了达尔文是正确的。当然，世界各地的情况并不一样。在德国，这个理论很快就被接受了，而且没有引起什么大惊小怪；而在法国，它被忽视了很多

进化论的崇拜者——亨利·沃尔特·贝茨（Henry Walter Bates）等博物学家的发现很快为达尔文的理论提供了新的证据

年。不管怎样，到 19 世纪 70 年代，达尔文已被国际公认为是科学研究领域改变了自然界的革命者。

然而，令人惊讶的是，达尔文的另一个关键思想——物竞天择却不那么受欢迎。当越来越多的读者接受达尔文关于物种起源这一概念时，物竞天择是主要机制这一观点却经常被边缘化或干脆被否定。赫胥黎张开双臂欢迎生命进化的大图景，然而，物竞天择——达尔文进化理论中的这一理论使神的干预变得不那么必要——他则无法接受。恰恰与这一理论相反，许多人认为，物竞天择的结果导致的变异，这本身是受到神的引导或由神引起的。接受这一理论的底线似乎是：人类生活如何改变的背后，蕴含什么意义或者什么特别的意图呢？而达尔文认为，这一切只有自然原因——只是物竞天择的结果。

尽管存在这些疑问，但从那些经历过那个时代的人的角度来看，甚至以今天的眼光来看，达尔文的观点在短短 10~15 年内被国际科学界广泛接受，这一事实是非常了不起的。无数对达尔文观点进行证实和改进的言论被发表了出来。正如达尔文所预测的那样，新的化石不断被发现填补了已知物种之间联系的空白。

达尔文的非凡之处在于他超越了同时代的人。如果他当年死于小猎犬号航行中，除了达尔文主义，我们可能也不会有华莱士主义或其他任何主义。与这一假设相反，就像其他许多科学一样，在接下来的几十年里，一群研究人员提出了构成达尔文理论的许多不同方面。因此，达尔文之所以与众不同，之所以至今仍被人们铭记为进化生物学之父，是因为他凭借自己的力量推动了科学的发展。他不仅比同时代人更早地建立了物竞天择的进化论，而且还做了大量的工作来证实这一观点，并说服科学界相信进化论的真实性。

本文作者约翰·范怀伊博士是新加坡国立大学的科学史专家，也是达尔文在线网站的创始人。这个网站是世界上最大的关于达尔文的在线资源网站。

Dr John van Wyhe is a historian of science at the National University of Singapore. He is the founder and director of Darwin Online，the world's largest online resource on Charles Darwin

## 发现更多

### 图书

▶《达尔文：人类的故事和他的进化论》，约翰·范怀伊著（安德烈·多伊奇出版社，2008）

▶《达尔文的〈物种起源〉传》，珍妮特·布朗著（大西洋书局，2007）

### BOOKS

▶ *Darwin*：*The Story of the Man and his Theories of Evolution* by John van Wyhe（Andre Deutsch，2008）

▶ *Darwin's 'Origin of Species'*：*A Biography* by Janet Browne（Atlantic Books，2007）

伟大的科学家乔治·里士满 1840 年绘的查尔斯·达尔文

# 达尔文：一个伟大的生物学家

从什罗普郡的一个小伙子到震撼世界的科学家

查尔斯·罗伯特·达尔文（1809—1882）出生于什罗普郡的什鲁斯伯里。他的父亲是金融家和医生罗伯特·达尔文。他的母亲苏珊娜·韦奇伍德是著名陶匠的女儿。达尔文1825年至1827年在爱丁堡学医，在这之前他在什鲁斯伯里求学。1828年至1831年，达尔文在剑桥大学基督学院学习，并获得了学士学位。

不久之后，他很幸运地收到了加入小猎犬号（Beagle）的邀请，他作为博物学家参加了一次环球探险。当达尔文回国后，他在地质学和动物学研究方面积累了大量的经验、掌握了丰富的资料。他发表了许多关于小猎犬号远征的著作，在英国科学界颇受欢迎，其中包括著名的《贝格尔号航行》的研究日记（即现在为人所熟知的《小猎犬号航海记》），以及其他关于这次航行的地质学和动物学的专业著作。

根据他的小猎犬号之旅获取的一些标本，他开始研究藤壶，最后写了4卷描述所有已知物种的书。然后他开始了长达20年的理论研究，他的自然选择进化论。他在1859年出版了这一巨著。这与《人类的起源》（1871）一起，使他成为世界上最重要的博物学家之一。

他在肯特郡的家中过着平静的生活，继续出版一些相关研究内容，以极大的独创性展示了通过自然选择进行进化的更多细节。他于1882年4月19日去世，并以极高的葬礼规格被安葬在威斯敏斯特大教堂。

# 关于达尔文的传说

关于查尔斯·达尔文及其进化论的传说似乎越来越多。最常见的一种说法是，不可能同时相信上帝和进化论的那些直言不讳的无神论者，他们的反宗教热情也许更加强化了这个神话传说。但事实是，同时相信上帝和进化论是可能的。这在今天和在达尔文的时代一样是千真万确的。许多人写信给达尔文，问他这个问题，他已经非常厌倦回答它。的确，他会回答，你当然可以同时信仰两者。为了证明这一点，他提供了一些著名的科学家的名单，这些科学家同时信仰上帝和进化论。一个传说是，达尔文非常害怕人们对他的理论的反应，所以他把它作为秘密保守了20年。事实上相反，他后来回答说，他在《物种起源》一书中夸大了自己的独创性，在1859年出版之前，"我以前就进化问题同许多博物学家谈过，但从来没有得到过任何一致的意见"。这句话出现在1872年的第6版也是最后一版《物种起源》上。

另一个传说是，达尔文要么在临终前皈依了基督教（他是一个不可知论者），要么就是在临终前放弃了他的进化论。这两种说法都是不真实的，在1915年左右，这类说法开始流传的时候，他的家人写了很多信来否认。

# 维多利亚时代的战争

1884年6月7日出版的《警察新闻画报》刊登的一幅描述芬尼亚人袭击苏格兰场（即伦敦警察局。——译者注）的插图，插图内容是一名警察正承受着爆炸的威力。19世纪80年代早期，芬尼亚人的"炸药运动"引起英国政府的激烈反应

19世纪80年代，爱尔兰共和党人用一种恶魔般的新发明——炸药——恐吓伦敦。谢恩·肯纳写道：内政部用自己的新武器——英国首支秘密警察部队——予以回击。

1883 年 10 月，芬尼亚炸弹袭击后，惊慌失措的伦敦人逃离普瑞德街地铁站

　　1883 年 10 月 30 日，当列车驶入伦敦地铁的普瑞德街站时，一枚炸弹从一节头等车厢被扔了出来，爆炸发生时，一节三等车厢刚好经过。司机斯蒂芬·哈里斯（Stephen Harris）回忆说，当时车上所有的灯都熄灭了，乘客中间发出了惊恐的尖叫。爆炸的力量把车站的信号员亨利·哈特普（Henry Hartrupp）抛向了附近的一堵墙，他的信号箱

被爆炸的冲击力震碎了。当雾蒙蒙的尘土从隧道里呼啸而出时，惊恐万分的地铁乘客们惊慌失措地冲出车站。车站的工作人员跑向失事车厢，伤者在车站或到附近的圣玛丽医院接受治疗。爆炸造成了数十人受伤，其中包括休克、面部创伤、烧伤和耳聋。

几分钟内，另一声爆炸声响彻了整个城市，这次是在查令十字街。当一列开往威斯敏斯特的火车正准备出发时，一枚炸弹被扔向了下层车厢。如此胆大妄为的对公共交通的爆炸袭击在整个西欧都从未发生过。第二天，当恐怖席卷伦敦时，数百名通勤者避开了地铁线路。为了应对这种恐惧，600名地铁工人谴责了爆炸事件，并呼吁通勤者不要因此而受威胁，继续日常的地铁通勤。正如内政大臣威廉·弗农·哈考特爵士（Sir William Vernon Harcourt）沮丧地哀叹："事情从来没有像现在这样糟糕过。"

更多的攻击仍在发生。1884年2月25日，在包括维多利亚、卢德盖特山、查令十字街和帕丁顿在内的几个铁路寄存处，都发现了有延时炸药被放在行李袋里。除了维多利亚站发生了爆炸案之外，其他的计时器都失灵了。在维多利亚车站，爆炸的威力摧毁了整个衣帽间，车站的售票处被严重损坏，车站阳台的玻璃屋顶也被震碎了，造成的破坏如此严重，以至于需要30辆卡车来运走残骸。公众再一次被吓坏了，甚至有令人震惊的谣言暗示，皇家法院、圣潘克拉斯车站和大英博物馆是下一步袭击的目标。

爆炸发生后，警察和铁路工作人员冲向伦敦的其他地铁站，疯狂地搜查衣帽间，扯开行李，发现了剩余的爆炸物。由于炸弹发生故障，车站得以保全，内政部称赞其为"奇迹般的一次脱险"。

这些爆炸事件是 1881 年至 1885 年芬尼亚"炸药运动"的一部分，其目的是将爱尔兰问题带入英国政治的核心，为爱尔兰共和国的建立吹响前奏。为了迎接芬尼亚人的挑战，1883 年 3 月 17 日，在阿道夫·威廉姆森和探长约翰·利特尔希尔德的领导下，苏格兰场成立了一个新的侦探部门。

## 政治警务

这支名为"爱尔兰特别支队"的新部队，最初由 4 名刑事调查官员和 8 名军警组成。它的存在代表了一项非凡的创新，因为在英国的警务系统中没有侦查工作这一传统。换言之，在一定程度上，当时英国的自由主义政治文化与秘密调查或政治执法背道而驰，后者被视为危险的、不道德的，充满了侵扰性，这种事最好留给法国人或俄罗斯人去做。然而，爱尔兰特别支队的做法仍然是由这种自由主义传统而形成的，它并没有雇用特工，而是试图通过维多利亚时代英国特有的一种策略来阻止芬尼亚人的袭击：纠察。这涉及一点，即将个人认定为国家安全的威胁。

一旦确认某人为嫌疑人，便衣警察就会对其进行短期的监视。在监视嫌疑人的行动进行完毕后，警察会根据观察结果去逮捕并审问那些被认为是"爆炸实施者"的人。如果有确凿的证据指向一个被逮捕的人，而他又不能为自己开释，他就会被指控。在这一策略中，最重要的是尽量去公开逮捕行为和搜集到明确的证据。

维多利亚爆炸案发生后，爱尔兰特别支队对此事进行了彻底的调查，但未能找到炸药。在内政部，威廉·弗农·哈考特爵士对警方处理芬尼亚阴谋的反应越来越失望，他把目光投向了爱尔兰，期待能寻求新的解决办法。

1882 年 5 月 6 日，爱尔兰新上任的首相弗雷德里克·卡文迪什勋爵（Lord Frederick Cavendish）和他的助手托马斯·亨利·伯克（Thomas Henry Burke）在都柏林的凤凰公园（Phoenix Park）被芬尼亚组织"不可被战胜者"暗杀身亡。杀人事件发生后，爱尔兰警方进行了重组，它的最高领导机构是一个永久性的特勤部门，对外声称为负责警察和犯罪事务的助理副部长办公室。这个部门试图通过情报来消除阴谋，为此，它雇用了间谍和卧底。

## 特勤局

爱德华·乔治·詹金森是新部门的负责人。詹金森曾在印度任职，在那里，他在殖民地政府迅速晋升，但后来因健康问题而中断了他在印度的职业生涯。他回到英国后，先后担任诺斯布鲁克勋爵和爱尔兰总督斯宾塞伯爵的私人秘书。正是斯宾塞任命他为特勤局局长，因为斯宾塞相信，作为一名在印度的前官员，詹金森对殖民政策的理解与维多利亚时代本土的人不同。哈考特对詹金森印象深刻，并要求将这位间谍头子调入内政部，以对抗芬尼亚的攻击者。然而，他明白，在英国，任何官方任命都会令人难以置信地不受欢迎，因为人们普遍怀疑有秘密警察的存在——所以詹金森的工作完全是非官方的。

詹金森在伦敦内政部大楼 56 号房间的新办公室内安顿下来，和他一起工作的小阴谋集团构成了对爱尔兰特别支队的重大威胁。詹金森将英国警方视为没有政治暴力经验的"二流侦探"，他的行动则完全依赖于一个由间谍、线人和密探组成的复杂团体。这个团体是在法治之外维持运转的，而且是秘密进行的。根据詹金森的指示，他手下的特工与苏格兰场没有任何联系。爱尔兰特别支队并不知道，詹金森的特工是由爱尔兰皇家警察操控的，在伦敦则公开地为苏格兰场的反芬尼亚行动提供建议和支持。

这个秘密的安全组织被认为是对维多利亚时代的自由理念的严重威胁，一个同时代人悲哀的评论证实了这一点。"除了使用炸药，"这位评论员哀叹道，"对自由正在产生一种最严重的、可能会是长期的伤害……在英国，在内政部的特别指导下，一种新的秘密政治警察正在发展，用来应对爆炸等化学危机在这场政治战争中以令人惊骇的速度扩散。"

要落在实处，那么这场"政治战争"就需要有人充当密探和线人。这个责任落到了詹金森的副手——来自卡万郡的爱尔兰皇家治安官尼古拉斯·戈瑟林少校（Major Nicholas Gosselin）的肩上。

新警察局最大胆的探员之一是外号为"红"的吉姆·麦克德莫特。从表面上看，麦克德莫特直言不讳地支持轰炸运动，他曾在美国的一次芬尼亚会议上发出过一句著名的感叹："一分钱都不要花在废话上，每一分钱都要花在炸药上。"但实际上，他是一名线人，是一个煽动者，他曾用特勤局的钱在英国实施爆炸，他也曾被詹金森雇用来协助其他同谋者采取行动。

在特勤局的支持下，麦克德莫特策划了一个对爱尔兰、苏格兰和英格兰同时发动袭击的阴谋，这场阴谋导致在英格兰和爱尔兰逮捕了几名芬尼亚人。为了挽回颜面，麦克德莫特在利物浦被捕，他是从美国来到利物浦的，据说是为了营救被他陷害的芬尼亚人。在内政部的支持下，他因涉嫌参与爆炸阴谋而受审，但在官方的干预下，此案因证据不足而撤诉。在詹金森的倡议下，尼古拉斯·戈瑟林把麦克德莫特从英国弄到了欧洲大陆，在那里他化名为德尼奥尼尔伯爵。

1883 年至 1884 年，戈瑟林得到了来自利物浦的爱尔兰人丹尼尔·奥尼尔的帮助。奥尼尔告诉他，住在伯明翰的芬尼亚人约翰·戴利（John Daly）曾计划通过下议院的访客席投掷手榴弹来袭击英国政府。詹金森根据奥尼尔的说法进行了调查，发现炸弹原定于 1884 年 4 月从美国运到。

詹金森和戈瑟林没有立即采取行动，而是让炸弹在没有受到警方和海关干扰的情况下抵达英国。他们的计划是让奥尼尔把炸弹交给戴利以便逮捕他。行动进行得很顺利，戴利最终被判终身监禁。在戈瑟林的回忆里，他是"自盖伊·福克斯以来最残忍的狂热分子"。

这份叫作《英国图片报》的周报显示的是一枚炸弹在威斯敏斯特大厅外爆炸。1885 年，芬尼亚人的目标瞄准了英国一些主要的权力象征地

## 逃到澳大利亚

奥尼尔因在反阴谋中所扮演的角色而受到芬尼亚人的内部审判，但詹金森雇用了奥尼尔的一名检察官作为线人，让这位爱尔兰人以匿名身份逃到了澳大利亚。19 世纪 90 年代，戴利被捕的前因后果被曝光，英国内政部对其非法活动的指控展开了调查。

在接受采访时，戈瑟林抗议道："在我看来，已经进行了详尽的调查……就内政部而言，这个案子应该永远了结了。"

1884年4月，詹金森的工作方法面临重大威胁——新上任的伦敦警察厅局长詹姆斯·蒙罗出现了。和詹金森一样，蒙罗也有在印度的经验，他曾在孟加拉从事打击秘密组织的工作。然而，这两个人的相似之处也就仅此而已。蒙罗讨厌詹金森对密探的依赖，他宣称在英国的警察系统中没有这种东西。他还强调，詹金森的这些秘密行动危害了法律公信力并助长了道德腐败。

蒙罗向内政部投诉说，有两支警察部队相互对抗，一支是合法的，而另一支是非法的。他发现詹金森（见下图）总能赢过伦敦警察厅，并抗议说，詹金森在目前的芬尼亚阴谋中使用间谍和密探。他认为这些秘密行动是危险的，因为他们使得芬尼亚的炸药组织发动攻击真正成为可能，他认为詹金森的情报策略是有组织地设计来破坏法治的。更重要的是，蒙罗准备用行动来支持他的言论，他命令跟踪詹金森的人，并逮捕了几名詹金森行动中的关键人物。

蒙罗最终赢得了胜利。1887年，詹金森被免职，他的秘密行动团队被解散，他暗中安置的网络被爱尔兰特别支队取代。

詹金森烧毁了他的文件，他宁肯这样也不把它们交给蒙罗，他毁掉的很可能是非常重要的英格兰和爱尔兰的共同历史档案。今天，詹金森这个人物在很大程度上已经被遗忘，但也许我们是时候重新审视他留下来的遗产了，我们可以把他看作第一个对政治阴谋有着浓厚兴趣的英国特工的代表。

1909年，陆军部正式成立了特勤局。它的主管爱尔兰人威廉·梅尔维尔，曾积极参与对抗芬尼亚炸药攻击者的战斗。但讽刺的是，他并不是詹金森手下那种在暗中行动的人，他是爱尔兰这支特殊队伍的创始成员之一。

有人认为，詹金森的秘密行动危害了法律公信力并助长了道德腐败

本文作者谢恩·肯纳博士是《阴影中的战争：轰炸维多利亚时代英国的爱尔兰裔美国芬尼亚人》（梅里昂出版社，2013）的作者。

Dr Shane Kenna is the author of *War in the Shadows：The Irish-American Fenians Who Bombed Victorian Britain*（Merrion Press，2013）

## 发现更多

### 图书

▶《芬尼亚之火》，克里斯蒂·坎贝尔著（哈珀·柯林斯出版社，2011）
▶《炸药战争：维多利亚时代英国的爱尔兰裔美国人轰炸机》，肖特著（吉尔和麦克米伦出版社，1979）

### BOOKS

▶ *Fenian Fire* by Christy Campbell（Harper Collins，2011）
▶ *The Dynamite War：Irish American Bombers in Victorian Britain* by KRM Short（Gill & MacMillan，1979）

# 芬尼亚人是谁

*爱尔兰革命者要求独立，他们相信暴力*

芬尼亚主义形成于1858年，是爱尔兰人和爱尔兰侨民的一场国际密谋，也是爱尔兰最重要的革命传统。芬尼亚人试图建立一个爱尔兰共和国，并拒绝认可英国和爱尔兰之间的联盟（该联盟于1801年生效）。芬尼亚人相信暴力能够迫使英国政府考虑爱尔兰的独立（迄今为止，英国政府一直拒绝支持爱尔兰独立）。1867年，爱尔兰起义失败后，他们重新组织起来，并在1881年至1885年在英国发动了爆炸案。

这场为世人所知的芬尼亚"炸药运动"，其灵感来自科技的进步——特别是炸药的发明。人们认为炸药可以纠正权力失衡，并提供了一种低成本的战争模式。芬尼亚炸药运动是由两个爱尔兰裔美国芬尼亚团体发起的，分别是盖尔人兄弟会和另一个小一些的持不同政见的组织（组织成员大部分来自曾经参加美国南北战争的军人）。

1881年至1883年，他们制造了几起小规模爆炸事件，不过，最值得注意的是他们对英国政府的行政中心白厅发动了袭击。他们的轰炸行动促使更大的部族采取类似的行动，否则将不得不面临爱尔兰裔美国人越来越缺乏权威的局面。1882年和1883年的冬天，他们采用"以虚无主义为特征的战争体系"，对伦敦发起了轰炸。

他们选择的目标代表了早期小规模战斗的激进扩张的方式，他们在伦敦地铁、火车站和伦敦市中心引爆炸药。部族如此大胆，他们竟然计划摧毁伦敦桥网络，使城市陷入经济混乱与他们还计划在伦敦塔和下议院同时引爆炸弹。

# 本杰明·迪斯雷利（1804—1881）

他的经历丰富有趣、值得借鉴。他名声不太好。他作为一个成功的局外人，
为民主时代重塑了保守党

　　和保守党另一位伟大的重塑者玛格丽特·撒切尔一样，迪斯雷利一开始
并不被看好。这个政党传统上更习惯于被拥有地产和头衔的绅士领导，他们
大部分都在某几所精英学校就读过。而迪斯雷利是个小说家，是犹太人的后裔，
受过良好但不完善的教育，而且他名声不太好。

　　作为学者伊萨克的长子，迪斯雷利是一个精力充沛又自负的年轻人，他
喜欢穿华丽的衣服，在商业和写作中大肆冒险，他损失了巨额金钱，这使他
一生中的大部分时间都负债累累。

　　迪斯雷利拒绝从事法律职业，转而从事写作，尽管最初并没有取得成功。
1830年至1831年，他遍游欧洲，并前往土耳其和埃及游历。他用"间隔年"
对奥斯曼帝国宫廷进行访问，并把对那里的异国情调和致命的政治阴谋的迷
恋都写进了书里。

　　迪斯雷利总是被指责玩世不恭、奉行机会主义、缺乏原则。有人认为，
他在19世纪30年代早期选择了开始政治生涯，是《改革法案》危机带来的机遇，
也使议员们可以不必因为债务而入狱。这一机会主义的做法似乎得到了证实，
因为这位年轻的激进分子成了保守党人，然后在废除《谷物法》问题上因为
大力抨击保守党领袖皮尔而声名鹊起。

　　"保守党是一个伪善的组织，"他针对皮尔所谓的口是心非如此说道。
尽管许多人认为这句话同样适用于迪斯雷利自己。

　　然而，他最著名的两部小说——1844年的《康宁斯比》和1845年的《西
比尔：两个国家》，都展示了他当时的理想主义和道德准则，以及他关于"一
国"保守主义思想的萌芽。

　　1868年，迪斯雷利终于登上了他政治生涯的顶峰。他第一次首相的任期
很短，但他从1874年到1880年的任期，是英国历史上最显著的改革时期之一。
包括住房、公共卫生、教育、工人权利、公务员制度改革等方面的法案都表明，
旧的保守党已经一去不返，在选民不断扩大的时代，此时已经有了一个现代
的保守党，可以更多地照顾到政客们的兴趣。

　　这种"一国"的保守主义是一种务实的半意识形态，在这种意识形态中，
只有当问题出现时才去处理，并且国家的历史制度也会受到保护。这些机构
的顶端是皇室，迪斯雷利追随并奉承女王是出了名的。（他也喜欢有女人陪

伴，尽管他对妻子很忠诚，但可能有好几个情妇。）

维多利亚在他的葬礼上送了一束樱草花——"他最喜欢的花"，这对樱草花联盟产生了深远的影响。到 1891 年，该联盟的人数超过了 100 万，包括中产阶级和工人阶级，在新的选举权不断扩张的新时代，为保守党的事业争取到了中产阶级和工人阶级的力量。它是对不断增长的工会力量的制衡，也是有史以来第一个对妇女动员的政治组织。

在他去世后，《泰晤士报》的一篇文章中写道："在一大群不善言辞的英国民众中，他发掘了保守党的工人们，就像雕塑家在大理石的包围中发现了璞玉。"

.......................................

撰文：尤金·伯恩
word：Eugene Byrne

迪斯雷利曾在 1868 年和 1874—1880 年两度担任英国首相

# 维多利亚女王
## 与阿尔伯特亲王

夏洛特·霍奇曼（Charlotte Hodgman）与凯特·威廉姆斯（Kate Williams）谈论维多利亚女王和阿尔伯特亲王的罗曼史，并带领大家参观见证他们这段婚姻的8个地方，正是他们这段婚姻使君主制恢复了声望。

维多利亚和阿尔伯特的婚姻可能是历史上最值得一提的皇室罗曼史之一。作为众多电影和书籍关注的焦点，维多利亚和阿尔伯特的感情和婚姻被许多历史学家奉为典范。他们塑造了我们今天看到的更加现代、更加平易近人的君主制的王室夫妇形象，当然他们的关系也并不总是融洽的。

阿尔伯特是小而贫穷的撒克逊公国萨克森—科堡—哥达的亲王，他是维多利亚的表亲。他们共同的叔叔比利时国王利奥波德和维多利亚的母亲肯特公爵夫人，极力促成这桩婚姻。然而，这对夫妇在维多利亚 17 岁生日时第一次见面的场景，让人很难想象他们会是天作之合：阿尔伯特觉得英国宫廷的社交活动让他筋疲力尽，以至于他在舞会上睡着了，而维多利亚则觉得这位王子相当乏味。

《成为女王》（Becoming Queen）一书的作者凯特·威廉姆斯（Kate Williams）写道："维多利亚和阿尔伯特的第一次会面不太成功。"这本书还讲述了维多利亚充满麻烦的青少年时期。"维多利亚的母亲和叔叔特别希望和阿尔伯特联姻，但国王威廉四世希望和奥兰治的王子联姻。不过，维多利亚还有其他的想法。"1837 年，维多利亚登上王位，终于让她从权力欲极强的母亲的控制下逃离。此时的维多利亚并不急于结婚，她担心自己的自由再次受到限制。

"我害怕结婚，"维多利亚在日记中写道，"我已经习惯了我自己的生活方式，我认为这件事情就像 10 和 1 那样分明——我不应该接受任何人。"然而，当维多利亚 20 岁的时候，她意识到自己面临着一个选择：要么和她专横的母亲以及她母亲最亲密的顾问约翰·康罗伊爵士待在一起；要么找个丈夫。婚姻，无疑是两害中较轻的一个。

1839 年 10 月 10 日，阿尔伯特和维多利亚在温莎城堡进行了第二次会面，这次会面比上一次成功得多。尽管大风大浪的海上航行使阿尔伯特疲惫又虚弱，但维多利亚还是立刻爱上了王子。女王后来在日记中描述了他们的会面："我站在石阶上，看到了英俊的阿尔伯特，他那么美。"的确，利奥波德为了提升侄子在维多利亚眼中的形象，帮他做了很多改进。这几年里，阿尔伯特上了大学，并四处游历。值得注意的是，在此期间他还去了意大利——一个维多利亚一直渴望去的国家。

"维多利亚被迷住了，"威廉姆斯说，"（他们这次见面）5 天后，按照君主的习俗（君主不能接受求婚），维多利亚向阿尔伯特求婚了。"两人于 1840 年 2 月 10 日结婚。"与之前的皇室婚礼相比，维多利亚的婚礼对公众更加公开，她旨在加深国民对她的认可和支持，"威廉姆斯说，"她计划在白天而不是晚上举行婚礼，因为她希望人们能看到她开往婚礼举行地圣詹姆斯宫的车队。她没有穿宫廷礼服，而是穿了白色礼服，以突出她的天真无邪和贞洁。公众已经厌倦了之前君主们的无度行为，对维多利亚分享婚礼的热情而感到高兴。她开创了'白色婚礼'的潮流，这一潮流到今天依然流行。"（维多利亚女王是早期穿着白色婚纱出嫁的新娘中影响力最大的人物之一，而这样的白色婚纱在她的影响下风靡世界，成为经久不衰的经典时尚。当时新娘的婚纱没有固定的颜色，白色婚纱并不多见，而维多利亚女王选择白色婚纱除了白色象征着纯洁之外，更是为了展示霍尼顿蕾丝花边。当时的英国蕾丝制造业正在苦苦挣扎中，白色蕾丝婚纱除了彰显她与众不同的个人风格之外，更是想借助女王的婚礼拯救这一传统手工行业为之注入新的活力。——译者注）

尽管人们普遍对婚礼感到兴奋，但阿尔伯特并不是一个受欢迎的可以做女王丈夫的人选。许多人不喜欢他的外国血统，还有一些人则对他没有带来财富而感到失望。当时流传着一句话："他来英国，是为了跟胖女王和那更胖的钱包'同甘共苦'。"

凯特·威廉姆斯说："对阿尔伯特来说，和维多利亚的婚后生活完全不是他在维多利亚求婚时所期望的那样。在利奥波德的逼迫下，阿尔伯特为自己争取权力。他要求每年获得一大笔津贴，另外还有爵位。但这些都遭到了议会的拒绝，因为议会不希望他干预政治，维多利亚本人也拒绝了阿尔伯特任命德国人为王室成员的请求。"

维多利亚和阿尔伯特亲王正在跳波尔卡舞。选自路易斯·安托万·朱尔蒂安的《波尔卡》，公元 1845 年

阿尔伯特为自己没能掌握任何权力而感到沮丧，但维多利亚决心统治一切，并坚信自己是唯一能做到这一点的人，这是这对王室夫妇之间许多争执的根源。阿尔伯特只能让自己成为这个有着 9 个孩子的家庭的首领，而从未成为他所希望的国王。

威廉姆斯说："维多利亚和阿尔伯特对家庭生活的重视对她统治的成功至关重要。""维多利亚目睹了乔治四世等君主的过度膨胀，以及他们如何被公众讽刺和嘲笑，于是她开始以中产阶级家庭的概念为中心，营造她自己乐于享受家庭生活的皇室形象。""维多利亚女王深知她必须赢得人民的尊重和爱戴，她将王室展现成一个典型的中产阶级家庭形象——尽管非常富有，但并不过分奢华——这意味着公众能与她产生共鸣，并因此崇拜她。正是因为这一点，以及她的长寿，她才被人们记住。"

## 与维多利亚和阿尔伯特生活息息相关的 8 个地方

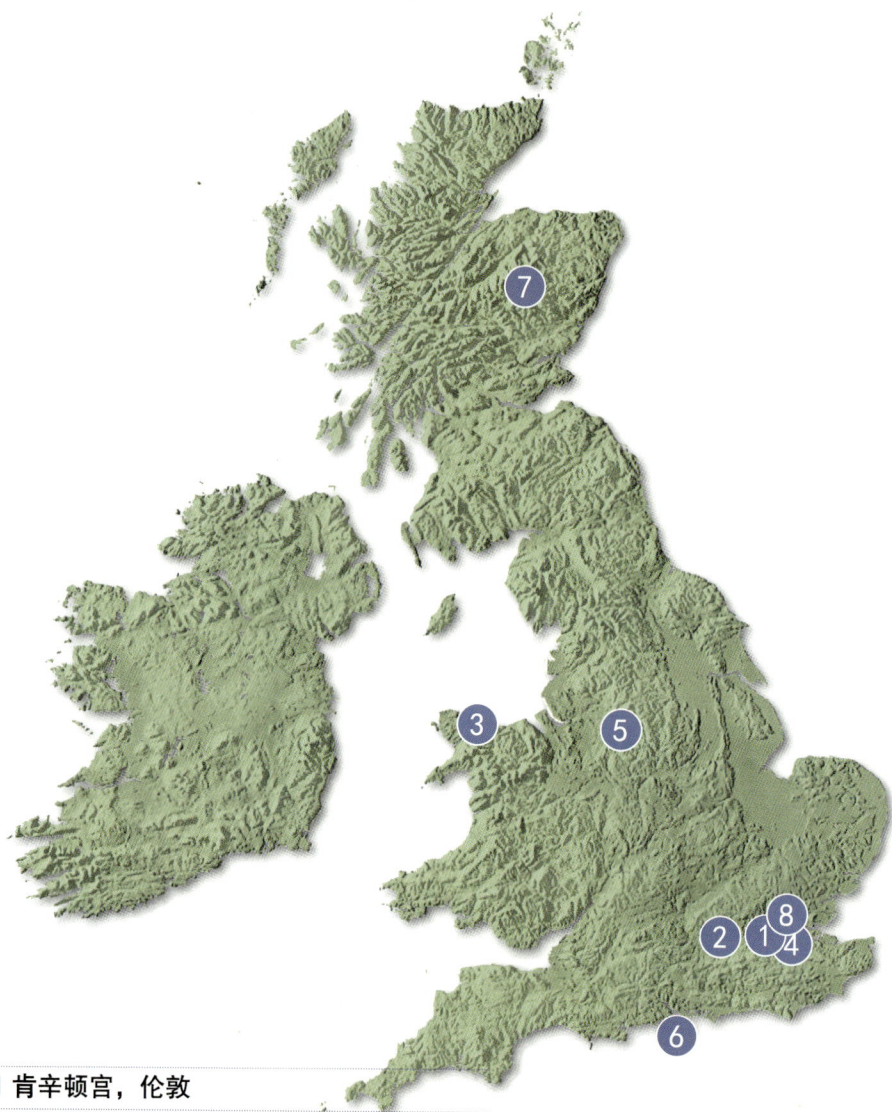

1 肯辛顿宫，伦敦

2 温莎城堡，温莎，伯克郡

3 波马利斯城堡，波马利斯，安格尔西岛

4 白金汉宫，伦敦

5 查兹沃斯庄园，贝克韦尔，德比郡

6 奥斯本宫，东考斯，怀特岛

7 巴尔莫勒尔城堡，皇家迪赛德，阿伯丁郡

8 阿尔伯特纪念碑，肯辛顿花园，伦敦

# 1

### 肯辛顿宫，伦敦

维多利亚在这里度过了不快乐的童年

维多利亚出生于 1819 年 5 月 24 日，是乔治三世的第四个儿子爱德华王子和比利时国王利奥波德一世的姐姐维多利亚公主生的唯一的孩子。这个女儿出生几个月后，爱德华就去世了，家里一贫如洗。维多利亚是在她母亲和约翰·康罗伊爵士的严格管教下长大的。约翰·康罗伊爵士曾经是她父亲的侍从。维多利亚的童年并不快乐。她的母亲痴迷于权力和金钱，而这两者都可以通过维多利亚登上王位来实现。

维多利亚和她的母亲以及康罗伊爵士住在肯辛顿宫，她被置于"肯辛顿制度"下，生活在母亲设计的一套规则之中，母亲由此获得对女儿的绝对控制。维多利亚一天 24 小时都被严密地看管着，她严格遵守时间表，晚上睡在她母亲的房间里。维多利亚几乎没有朋友，也没有自由。

12 岁时，维多利亚成为王位继承人。6 年后，也就是 1837 年 6 月 20 日的凌晨，坎特伯雷大主教来到肯辛顿宫，告知维多利亚，威廉四世已经去世，她已经是女王了。国王的死对维多利亚来说是一个转折点，她终于能够作出自己的决定了。她立即要求有自己的房间以及一小时的独处——这是她从未有过的——并且拒绝见她的母亲和康罗伊。

肯辛顿宫，在这里维多利亚的自由被严格地限制

在温莎城堡，维多利亚和阿尔伯特旋风般地开始了恋爱

# 2 温莎城堡，温莎，伯克郡
维多利亚和阿尔伯特度蜜月的地方

温莎城堡是世界上仍有人居住的最大、最古老的城堡，在其900年的历史中见证了许多皇室成员在此居住。这座占地约10公顷的城堡至今仍然是女王陛下的皇家官邸，也是维多利亚女王统治时期的许多皇家娱乐活动所在地。

自1839年10月阿尔伯特和维多利亚第二次见面之后，就在温莎城堡快速展开了他们旋风式的恋爱，在这里度过了短暂而快乐的蜜月。但是在新婚之夜，由于白天的忙碌，维多利亚忍受着恼人的头痛，她什么也做不了，阿尔伯特则一直陪伴在她身边。她后来在日记中写道："他给予我的那超乎我所料的爱和幸福，是我以前从未希冀得到过、更从未感受过的。"

威廉姆斯说："阿尔伯特希望能有个五六个星期的蜜月，他希望能和妻子独处一段时间。但维多利亚作为一国之君，她身负的许多责任意味着她只能抽出3天时间。但即使在这么短的时间里，维多利亚也无法逃避她的皇室义务。令阿尔伯特沮丧的是，她的蜜月时间经常被来访者打断，晚上还在接待客人。"

尽管如此，温莎与这对夫妇的关系还是密不可分——这里是他们相遇的地方，而且，他们婚后生活的大部分时间都是在这里度过的，这里也是阿尔伯特1861年去世的地方。阿尔伯特去世后，维多利亚女王为了纪念，将他在温莎的房间一直保持着他生前的样子，甚至每天早上送去刮胡子用的热水和毛巾。阿尔伯特被埋葬在附近的弗洛格摩尔皇家陵墓里。

# 3 波马利斯城堡，波马利斯，安格尔西岛
在那里，维多利亚开始获得她未来臣民的拥戴

波马利斯城堡始建于1295年，是国王爱德华一世在威尔士建造的最后一座城堡。不过，尽管它规模巨大，但尚未完工。1832年8月，时年13岁的维多利亚和她的母亲在英格兰和威尔士访问时，也来到了这里。尽管当时镇上暴发了霍乱，为向维多利亚致敬，皇家音乐艺术节——威尔士文学、音乐和表演节——仍在城堡举行。

王室巡游是确保对国家忠诚的一种方式，即使在成为女王后，维多利亚也持续这样做。肯特公爵夫人认为她的女儿有一天会统治英国，于是多次带着维多利亚出访像波马利斯城堡这样的地方。

"威廉四世国王对维多利亚被带着四处巡游和公开炫耀她王位继承人的身份感到愤怒。"威廉姆斯说，"但人们都很兴奋地欢迎维多利亚，经常把她的马从马车上卸下来，自己用手和身体拖维多利亚的巡游车。"

尽管维多利亚非常喜欢安格尔西岛，但同时她也看到了那里的贫困。后来，作为女王，她特别支持那些为穷人做慈善事业的人，比如弗洛伦斯·南丁格尔。波马利斯城堡被许多人认为是威尔士爱德华七世时期所有城堡中最宏伟的一座，现在向公众开放。

# 4 白金汉宫，伦敦
阿尔伯特试图证明自己权威的地方

维多利亚女王是为人们所熟知的第一个住在白金汉宫的君主。乔治三世最初在 1761 年购买了这处房产，后来，白金汉宫成为家庭住宅。1762 年，乔治三世开始改造这栋建筑。然而，他在宫殿建成之前就去世了。1837 年 7 月，也就是维多利亚女王即位三周后，她在这里定居下来。阿尔伯特和维多利亚在其他王室住所里从未像在白金汉宫那样快乐过。为了满足他们快速增长的家庭需要，白金汉宫进行了大规模的翻修，这项工程包括将大理石拱门搬到海德公园东北角，也就是它现在的位置。

"阿尔伯特试图在白金汉宫的王室中为自己塑造一个角色，但这是徒劳的。"威廉姆斯评论道，"他把自己标榜为王室财政的救星，并试图把家庭经营得更有效率，不过，他在打一场必败的仗。他唯一真正成功的事是让那位维多利亚的老家庭教师退休了——他讨厌那个女人。"

然而，正是在白金汉宫，我们看到了一些阿尔伯特对维多利亚在艺术方面的影响。通过阿尔伯特，德国艺术家弗兰兹·泽弗·温特哈尔特（Franz Xaver Winterhalter）成为一名皇室画家，负责在更平易近人的、不那么正式的场合为皇室家族成员作画。作曲家门德尔松也成了英国王室的朋友，并推动了德国音乐在英国的普及。

白金汉宫的正门。自 1837 年以来，白金汉宫一直是王室的主要住所

查兹沃斯庄园大厅天花板的彩绘描绘了朱利叶斯·恺撒的生活场景

# 5 查兹沃斯庄园，贝克韦尔，德比郡

维多利亚支持辉格党效忠的地方

维多利亚的政治信仰与她的前任们有很大的不同，她一生都是辉格党的支持者。"从传统意义上来说，较为保守的托利党是贵族和皇室的政党。"威廉姆斯说，"维多利亚对当时英国两大政党之一辉格党的支持是对传统的巨大突破，尤其是在 1832 年通过《改革法案》（*Reform Act*）后，该法案将全国选民扩大到了所有有财产的人。这意味着不再只有贵族才能投票，而这正是自由党——辉格党长期以来所追求的。"

维多利亚的政治信仰在她统治的早期引起了骚动，尤其是在被称为"寝宫事件"的那段时期。1839 年，墨尔本勋爵的辉格党政府失败后，维多利亚拒绝用保守党议员或贵族的妻子取代她的辉格党侍女。新的托利党政府无法组建，墨尔本恢复了他的地位。维多利亚在给墨尔本的信中得意扬扬地写道："他们（托利党）想剥夺我认定侍女的权力，我想接下来他们还会剥夺我使用自己的梳妆台和女佣的权力。他们希望把我当小姑娘那样看待，但我会让他们知道我是英国女王。"

维多利亚非常不喜欢保守党——她归咎于保守党没有给阿尔伯特订婚时要求的金钱和爵位——她尽可能地不邀请任何保守党人参加婚礼。

查兹沃斯庄园是德比郡六世公爵的家，德比郡六世公爵是当时的辉格党领袖之一。维多利亚曾两次造访这所房子：一次是在 1832 年，她还是孩子的时候，她和母亲一起；另一次是 1843 年，她公开表达自己的政治观点，这次是和阿尔伯特一起去的。在今天查兹沃斯庄园的阳台下，仍然可以看到维多利亚和她的母亲在她们访问时种下的树。

奥斯本宫，这里是阿尔伯特和维多利亚一直渴望的家庭住所

## 6 奥斯本宫，东考斯，怀特岛
这对皇室夫妇构建家庭的地方

　　婚后不久，维多利亚女王就怀上了她的第一个孩子，也取名为维多利亚。从那一刻起，王室开始迅速壮大。第一个孩子出生 3 个月后，维多利亚又怀孕了，这个孩子就是阿尔伯特·爱德华王子，也就是后来的爱德华七世，他是英国君主 80 年来第一个合法所生的男性继承人。这对王室夫妇最终生育了 9 个孩子，但他们觉得皇宫并不适合他们不断长大的孩子。为此，他们买下了怀特岛（Isle of Wright）上的奥斯本宫（Osborne House），这是童年时代的维多利亚很喜欢的地方。

　　1845 年购买的奥斯本宫是阿尔伯特和维多利亚渴望的可以作为家的地方，他们对其进行了很多改造，包括增加一对能够俯瞰索伦特的意大利风格的塔楼，据说这一景观让阿尔伯特想起了意大利的那不勒斯湾。威廉姆斯说："在奥斯本宫，阿尔伯特可以很好地驾驭它，发挥他在其他领域所缺乏的控制力。他参与了建筑的大部分设计，包括正统的意大利式的花园，今天到访的游客仍然可以看到。"

　　有一幢两层的儿童小屋，建于 1853 年。这座小屋被亲切地命名为"瑞士小屋"，由这对夫妇亲自设计，作为教育后代的场所。在这里，女孩们学习如何做饭和做家务，而男孩们则在邻近的瑞士花园里学习园艺和木工。此外还有一座包括大炮和吊桥的微型模拟堡垒，以及孩子们的游戏区。

# 7 巴尔莫勒尔城堡，皇家迪塞德，阿伯丁郡

这对王室夫妇在此欣赏苏格兰的风景

　　和奥斯本宫一样，巴尔莫勒尔城堡是这对王室夫妇可以在一个比白金汉宫还不那么正式的环境中度过家庭时光的地方。它于 1848 年被购买，被维多利亚女王称为"我亲爱的高地天堂"，自购买之后，那里一直是苏格兰王室的居住地。

　　威廉姆斯说："维多利亚和阿尔伯特都非常喜欢苏格兰，他们喜欢那里的风景和寒冷的天气。对阿尔伯特来说，苏格兰起伏的山峦让他想起了自己的祖国。正因如此，在阿尔伯特去世后，维多利亚花了很多时间在巴尔莫勒尔城堡。不过，宫廷其他人对苏格兰并不那么倾心，女王的侍女们也不断抱怨苏格兰的天气和苏格兰人对粥的热爱。"

　　正是在巴尔莫勒尔城堡，女王第一次见到了约翰·布朗。阿尔伯特死后，女王非常依赖这位仆人，他与女王的关系一直受到历史学家的反复审视。但是，就像维多利亚厌恶她母亲的同伴约翰·康罗伊一样，她的孩子们也憎恶约翰·布朗，爱德华七世在他母亲死后毁掉了许多维多利亚对他的纪念。

巴尔莫勒尔城堡至今仍然是皇室成员最喜欢的度假胜地

# 8 阿尔伯特纪念碑，肯辛顿花园，伦敦

维多利亚在那里昭示天下表达悲痛之情

1861 年 12 月 14 日，阿尔伯特去世，维多利亚悲痛欲绝。阿尔伯特的身体一直不太好，但他在 42 岁时就去世还是震惊了维多利亚以及整个国家，这个打击也使女王在此之后从未真正恢复过来。

"维多利亚时代的人是卓越的哀悼者，"威廉姆斯说，"维多利亚的悲伤也是绵延不绝的。她从头到脚一身黑衣，越来越少地出现在公众面前。她甚至没能参加儿子——未来的爱德华七世的婚礼，而是坐在圣詹姆斯教堂的壁橱里，在整个婚礼过程中哭泣。"整个国家都在为这位女王的丈夫去世哀悼，阿尔伯特死后甚至比生前更受欢迎。

尽管阿尔伯特并不希望这样做，维多利亚还是下令为他修建纪念碑，恐怕鲜有什么比这座 1875 年在肯辛顿花园建成的 54 米高的阿尔伯特纪念碑更壮观的了。纪念碑本身的设计是为了向维多利亚时代的成就致意，同时也是为了纪念阿尔伯特的热烈性情和他的广泛兴趣。纪念碑的每个角落都矗立着代表欧洲、亚洲、非洲和美洲的大理石雕像，而象征制造业、商业、农业和工程的雕塑则矗立在更高的位置。在纪念碑的基座周围，帕纳塞斯山（帕纳塞斯山位于希腊中部，古时被认为是太阳神和文艺女神们的灵地。——译者注）雕塑上雕刻了著名的画家、诗人、雕塑家、音乐家和建筑师们，以此来反映阿尔伯特对艺术的热爱。阿尔伯特纪念碑周围的区域，以南肯辛顿、肯辛顿和切尔西为中心，有许多建筑、纪念碑和道路名称，都是为了纪念女王的丈夫而命名的。

肯辛顿花园的阿尔伯特纪念碑，由乔治·吉尔伯特·斯科特爵士设计

# 从摇篮到坟墓

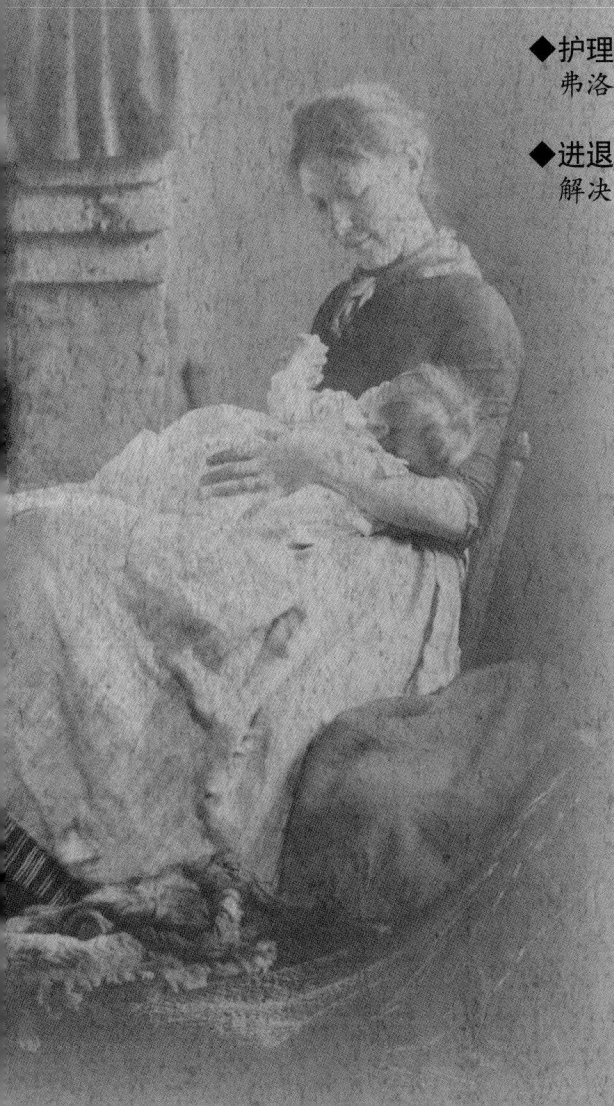

# 维多利亚时代的
## 工作和生活

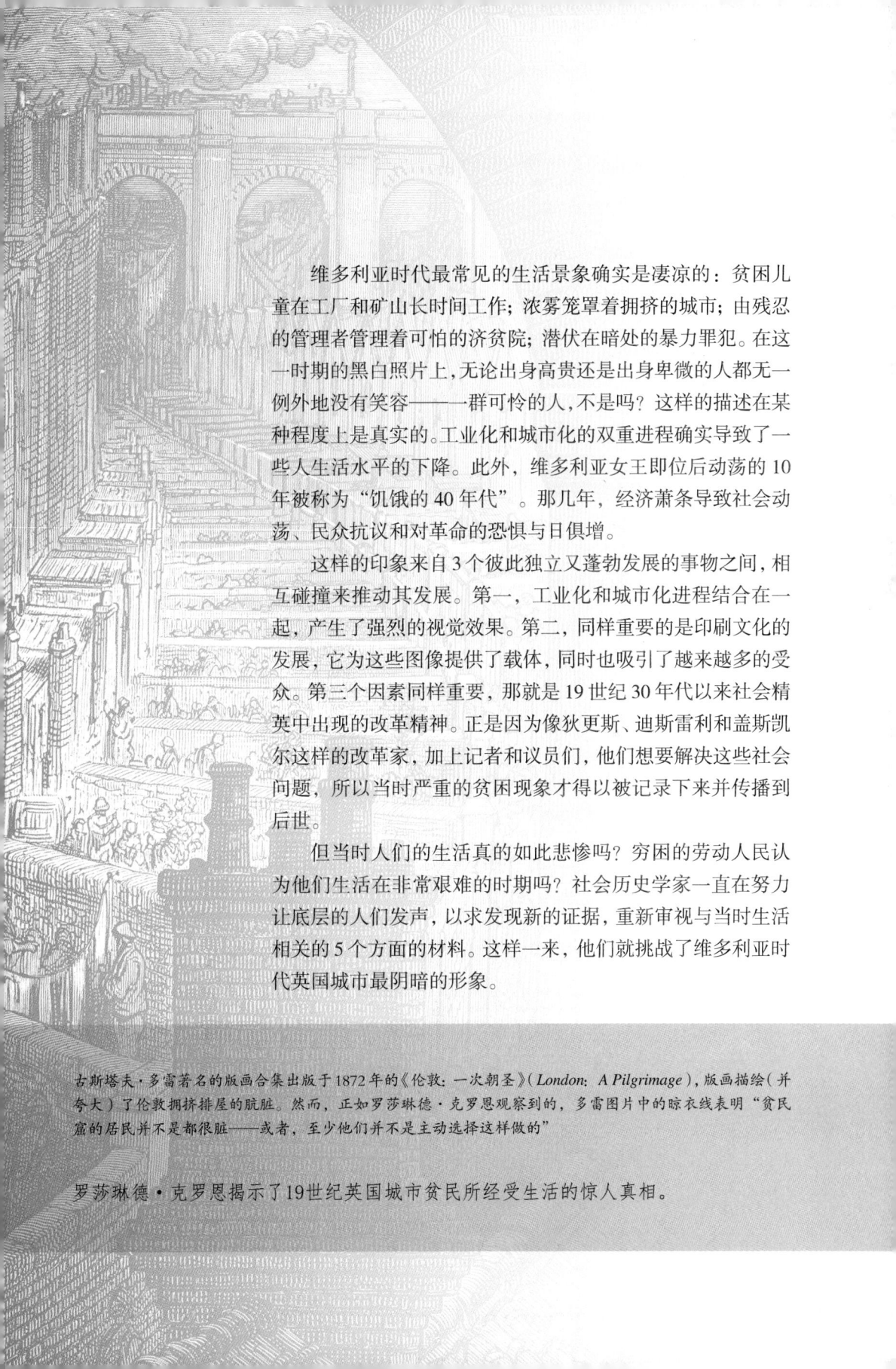

维多利亚时代最常见的生活景象确实是凄凉的：贫困儿童在工厂和矿山长时间工作；浓雾笼罩着拥挤的城市；由残忍的管理者管理着可怕的济贫院；潜伏在暗处的暴力罪犯。在这一时期的黑白照片上，无论出身高贵还是出身卑微的人都无一例外地没有笑容——一群可怜的人，不是吗？这样的描述在某种程度上是真实的。工业化和城市化的双重进程确实导致了一些人生活水平的下降。此外，维多利亚女王即位后动荡的10年被称为"饥饿的40年代"。那几年，经济萧条导致社会动荡、民众抗议和对革命的恐惧与日俱增。

这样的印象来自3个彼此独立又蓬勃发展的事物之间，相互碰撞来推动其发展。第一，工业化和城市化进程结合在一起，产生了强烈的视觉效果。第二，同样重要的是印刷文化的发展，它为这些图像提供了载体，同时也吸引了越来越多的受众。第三个因素同样重要，那就是19世纪30年代以来社会精英中出现的改革精神。正是因为像狄更斯、迪斯雷利和盖斯凯尔这样的改革家，加上记者和议员们，他们想要解决这些社会问题，所以当时严重的贫困现象才得以被记录下来并传播到后世。

但当时人们的生活真的如此悲惨吗？穷困的劳动人民认为他们生活在非常艰难的时期吗？社会历史学家一直在努力让底层的人们发声，以求发现新的证据，重新审视与当时生活相关的5个方面的材料。这样一来，他们就挑战了维多利亚时代英国城市最阴暗的形象。

古斯塔夫·多雷著名的版画合集出版于1872年的《伦敦：一次朝圣》（*London：A Pilgrimage*），版画描绘（并夸大）了伦敦拥挤排屋的肮脏。然而，正如罗莎琳德·克罗恩观察到的，多雷图片中的晾衣线表明"贫民窟的居民并不都很脏——或者，至少他们并不是主动选择这样做的"

罗莎琳德·克罗恩揭示了19世纪英国城市贫民所经受生活的惊人真相。

这幅1871年的插画出自伦敦的一家周报《图表》,图为米德兰的砖厂里,年幼的孩子们在搬运重物。据估计,当时有2万到3万名16岁以下的儿童在英国砖厂工作

## 1 工厂内真的充满黑暗和邪恶吗

工人们在危险的工厂或矿井中辛苦劳作,但工作条件得到了显著改善

一提到维多利亚时期的工作,人们的脑海中就会莫名浮现出这样一幅画面:一个冷酷无情的雇主经营着气势雄伟的工厂或荒凉的矿山,雇员(包括儿童)被迫长时间在那里工作,经常是在昏暗的光线下劳作,使用危险的机器。狄更斯的《艰难时世》等小说、1842年阿什利勋爵向议会递交的矿井方面的议案(这一议案揭露了矿井残酷的

工作条件和沦丧的道德环境），以及整个世纪关于工厂的各种丑闻，都造就了这一景象。但它准确吗？回答是：不完全准确。

19世纪早期的工业化确实压低了工资水平，并使得制造业中妇女和儿童的就业增加，尤其是年龄非常小的女性和儿童。在工厂和矿山工作肯定是危险的。1879年，一位曾在19世纪30年代末参观过布拉德福德一家纺织厂的国会议员这样描述聚集在院子里接受他视察的80名畸形和残疾儿童："语言的力量无法描述这种人类形态的退化，我可以说是极为残酷的。他们或站或蹲在我面前，外形就像字母表中的字母。"

然而，从19世纪30年代起，立法开始限制对童工和（在某些情况下的）女工的使用，以改善条件和规范工作时间。但改革是有限的，而且往往受到工人阶级生活现实的制约。以童工为例，虽然它冒犯了我们21世纪的情感，但在当时并不一定是对社会有害的——毕竟，孩子们带来的工资可以提高整个家庭的生活水平。另一种选择——上学——既要花钱，也很难改善孩子的未来。

此外，在工厂工作可能比从事其他类型的有偿工作更可取。工作时间是由时钟控制的，并不一定比农业工人的时间长。上下班打卡，再加上工作和家庭的物理分离，这就可能比无休止的用人工作更有吸引力——当然用人是另一个不断扩张的行业。

有冷酷无情的老板，也有家长式的雇主关心他的工人。一些雇主甚至在工厂附近创建了范例式居住区，以求让工人的家庭生活过得更舒适一些，其中最著名的是位于伯明翰附近的吉百利伯恩维尔公司。

一些工人不仅享受到了传统节日的保护（在西米德兰兹郡，热闹的圣星期一庆祝活动一直持续到19世纪70年代），而且休闲时间也增加了：工作日的工作时间被限制在10小时内，星期六实行半天制。许多雇主还组织员工去海边旅行。即使没有这些特权的雇员也能够享受不断增长的休闲时间，因为工人的实际工资从19世纪中叶已经开始增加。与此同时，由于大多数劳动人民对新的工作模式和工业资本主义更加适应，工业动荡和对有关工厂事故的传言逐渐平息。

## 2 脱贫之路

并非所有的穷人都被关进了地狱般的济贫院

维多利亚时代最具代表性的形象之一完全是虚构的：饥饿难耐的奥利弗·特威斯特向残暴的济贫院执事班布尔先生乞求稀粥。查尔斯·狄更斯（Charles Dickens）的这部小说是在 1834 年颁布的《新贫困法》（New Poor Law）之后写成的。《新贫困法》旨在通过阻止穷人寻求援助来减少政府在福利方面的支出。当地救助人员的任务是把有需要的人送到济贫院。在那里，家庭被拆散，那些能工作的人被迫从事繁重的劳动，而那些不能从事繁重劳动的人只能以最低标准维持生存。所有人都受到严厉的纪律约束。

那些济贫院是令人厌恶的机构。济贫院所在地的警察局认为，穷人故意撕破警察的制服或砸碎窗户，以便被送进监狱——因为那里的住宿和食物都比济贫院好。

济贫院还特别吸引了渴望写出爆炸性新闻的记者。1866 年，詹姆斯·格林伍德把自己伪装成流浪汉，在兰贝斯济贫院的男性临时病房住了一晚。登记之后，他被迫在"味道像羊肉汤"的液体中沐浴，然后领到了一件衬衫和一块毯子，进入病房。他发现"30 名男人和男孩在薄薄的草垫子上紧绷着身体，他们和石头地面之间只有 15 厘米厚的干草。这些床紧挨在一起……在不少情况下，两位先生把床铺和地毯搭在一起睡了"。

但是，这些画面对理解维多利亚时代英国的贫困经历有多大帮助呢？它们当然有自身的局限性。《雾都孤儿》写于 1837 年至 1839 年，它最多只能描述维多利亚时代以前的济贫院的状况，而《新贫困法》实际上并不像它所约定的那样严厉——这可能是反对它的运动迅速消失的原因之一。

同样值得承认的是，济贫院的职能是提供从教育到医疗保障的各种服务，特别是从 19 世纪 60 年代中期开始，提供的服务质量均有所改善。

更重要的是，贫困并不是一种永恒不变的状态，而是劳动人民甚至是中产阶级根据环境的不同可以进入或退出的一种状态。当时的穷人也有其他资源可以利用。首先是慈善事业，许多具有社会意识和宗教动机的人都非常渴望投身于慈善事业。穷人也不是这个慈善机构温顺的接受者，他们知道如何确保把钱花在刀刃上——既要表现得体面，

乔治·克鲁克尚克（George Cruikshank）画的《雾都孤儿》里的人物奥利弗·特威斯特（Oliver Twist）乞求更多稀粥。代表了人们对济贫院的看法——然而这种情况在维多利亚时代之前的机构中更为常见

又要证明自己贫穷。

次要的生存策略包括收集（去收集收割之后残余的谷物）、饲养牲畜、杂居和典当，以及不那么合法的活动——偷猎、轻微犯罪、卖淫和欺诈。穷人通常在一个星期的开始就把星期天穿的衣服典当了，以便有饭吃，到了星期六领到了工资后再把衣服赎回来。伦敦一家当铺的店员描述了星期六晚上交易的热闹场面："有人在吃炸鱼、薯条，有人在吃橘子，有人在吃豌豆布丁和烤肉丸，门庭若市，热闹非凡。"

雅各布岛，伦敦南部一个臭名昭著的贫民窟，作品绘制于 1810 年

## 3 清洁卫生之战

维多利亚时代是如何与城市贫民窟这一威胁做斗争的

城市化和工业化使城镇居民的生活条件更加恶化。新兴的工业把污染物排放到空气和水中。人口增长增加了现有污水处理系统的压

力。过度拥挤的街区逐渐演化成了贫民窟。其中最臭名昭著的——伦敦的圣吉尔斯岛、老尼科尔和雅各布岛，曼彻斯特的天使草甸——都被艺术家、记者和小说家们记录下来留传于后世，有些甚至出现在贝德克著名的旅游指南中。

解决这些问题的必要性在维多利亚时代的初期就被认识到了。改革家埃德温·查德威克的调查中记录了来自底楼和地下室居民的抗议声，在下大雨的时候，下水道总会泛滥成灾。那些生活在城市墓地的人每天都会目睹最近埋葬的尸体被翻出来，以容纳源源不断的新尸体，正如托马斯·芒斯（Thomas Munns）在1842年所描述的："我看到他们把肠子放在桶里、放在地上，骨头被扔在手推车里，然后被推走。"

改进来得很快。从19世纪40年代开始，新的排水系统和其他雄心勃勃的项目开始启动。排水系统得到清理，供水系统被清洁干净，清道夫清除街上的污物。新的法律对住房建设实施了新的规定，以遏制贫民窟的增长。一些城镇修建了公共设施——到1875年，格拉斯哥已经有198个公用厕所。

值得注意的是，80%至90%的人口并不居住在贫民窟，许多工人阶级家庭，特别是在维多利亚后期，居住条件不再过分拥挤。真正需要重新下结论的是对贫民窟居民都很脏的假设。按照当代的标准，贫民窟居民并不都很脏——或者，至少他们并没有主动选择那么脏。证据隐藏在对贫民窟生活的描述中。古斯塔夫·多雷著名的蚀刻画（见第72页）展示了挂在公寓后院的一排排洗过的衣服。有些人甚至为那些对贫民窟肮脏的生活最为反感的富人们提供洗衣服务。

## 4 当犯罪行为有了报酬

报纸靠夸大"犯罪阶层"的威胁而大赚一笔

尽管维多利亚时代在人们的记忆里是一个犯罪和暴力的时代,但我们的大多数认知是由维多利亚人自己的恐惧,以及他们对城镇中存在的庞大、顽固、未开化的、基本上无法挽回的犯罪阶层的这一印象所深刻影响的。

维多利亚时代早期著名的社会调查员亨利·梅休(Henry Mayhew)和约翰·宾尼(John Binny)曾夸口说,他们设法把150个有犯罪倾向的人聚集在一个房间里,产生的效果是"肮脏、褴褛和可怜的"。他说:"这是一场可怕的灾难。有些是年轻人,有些是孩子……(许多人)的眼睛深陷,半斜着看人……这是天生的不诚实和狡猾的特征……大多数小伙子的头发剪得非常短,紧紧贴着头皮,显示出他们刚从监狱里释放出来。"

历史学家努力打破上述传闻。他们认为真正的"惯犯"可能不超过4000人,大多数盗窃和暴力事件都是临时起意的,由贫穷的年轻人实施。同时代的人对犯罪和暴力的恐惧被传播越来越广、发行越来越多的图片媒体进一步激化。犯罪新闻层出不穷,销路很好。对一桩特别可怕的谋杀案的详细报道可能会使报纸的发行量增加几倍,几家全国性报纸和伦敦报纸的老板曾通过对"开膛手杰克"谋杀案的报道大赚了一笔。

随着公众对犯罪报道的渴望,媒体还通过在数周内汇编整理报道,暗示犯罪浪潮已经袭击了当地,从而制造民众恐慌。其中最著名的是19世纪60年代早期的伦敦绞杀案件恐慌,引发几家伦敦报纸发表了一系列关于街头暴力抢劫的报道。事实上,根据犯罪统计数据,抢劫案件并没有明显增加。然而,公众的担忧迫使政府采取行动,加大了对违法者的惩罚力度,并赋予警方监视已知罪犯的新权力。

维多利亚时代的统计数据还告诉我们,犯罪——或者至少是严重的盗窃和暴力行为——在19世纪下半叶一直呈下降趋势。与此同时,社会暴力有所减少。男性之间实施的暴力明显减少,因为表现出攻击性在社会上越来越被认为是不可接受的。但这并没有阻止许多维多利亚时代人相信他们生活在一个犯罪猖獗的时代。正如一位工薪阶层的报纸读者对亨利·梅休所说的那样:"我在星期天读了《劳埃德周报》(Lloyds Weekly Newspaper),现在发生了那么多的谋杀和抢劫呀!"

在评估生活质量时,感知很重要,生活经验也很重要。维多利亚时代的人主要是旁观者,而不是犯罪的受害者。当暴力被精心包装,以娱乐的形式呈现时,旁观可能会变成一种愉快的消遣。

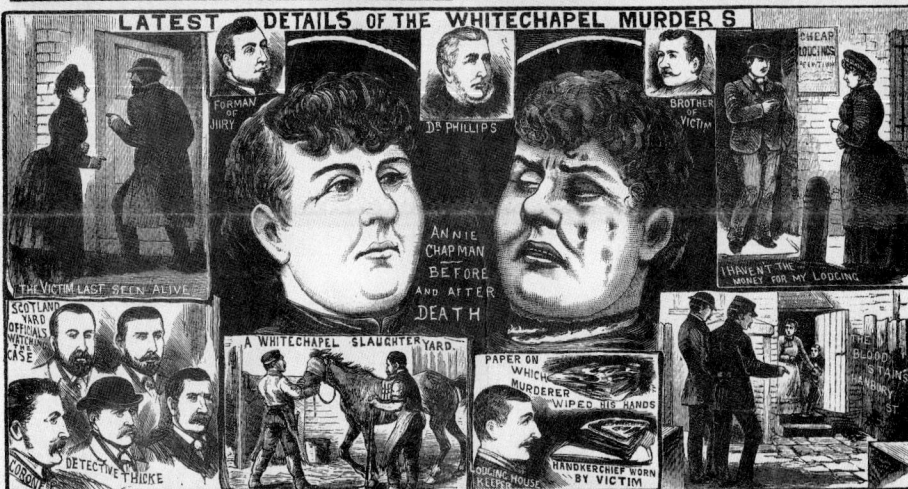

1888 年 9 月 22 日的《警察新闻画报》（*The Illustrated Police News*）头版报道了安妮·查普曼（Annie Chapman）被谋杀的消息，她是被"开膛手杰克"杀害的第二名受害人。这种耸人听闻的犯罪报道极大地促进了报纸的发行量

# 5 一个国家从病榻上崛起

科学家们开始研究那些致命的疾病，并取得了令人瞩目的成就

维多利亚时代的人，尤其是贫穷的人，感染可怕疾病的风险很高。大多数常见的疾病——猩红热、天花和斑疹伤寒——已经折磨了英国几个世纪。然而，由快速城市化所造成的过度拥挤、脏乱的条件又的的确确助长了这些传染病的传播，以及腹泻和胃肠炎等各种消化系统疾病的传播。

更重要的是，之前已经显示出了明显改善的预期寿命，在 19 世纪的第二个 25 年出现了大幅下降。到维多利亚女王统治初期，居住在曼彻斯特、利物浦和格拉斯哥等工业城镇的人们寿命甚至下降到了 25 岁至 27 岁。根据剑桥人口和社会结构历史研究小组的统计，19 世纪 30 年代至 40 年代，

1849 年的一幅漫画讲述了约翰·斯诺提出的霍乱和受污染的水之间的联系，这一突破性的发现挽救了许多人的生命

城市贫民窟的预期寿命降到了黑死病暴发以来的最低水平。

主要原因是儿童死亡率太高。大约 1/3 的儿童，在一些贫困社区甚至达到一半以上的儿童在 5 岁之前死亡。儿童死亡率高是导致大量生育后代的一个因素。然而，正如来自社会各个阶层的男人和女人的信件、日记和回忆录所显示的那样，拥有更多的孩子并不能在情感上弥补那些失去孩子的人的心理创伤。

尽管这些关于死亡率的统计数字看起来很可怕，但总的来说，维多利亚时期民众的健康状况得到了一定的改善。大约从 1870 年开始，人们的预期寿命增加了，这在很大程度上是因为维多利亚时代的人们更善于治疗各类疾病。卫生改革也起了很大的作用，不流动的脏水被清洁的饮用水取代。医生和科学家也开始对疾病的病因有了更准确的判断。

尽管霍乱在 1848 年至 1849 年在英国导致了超过 5 万人死亡，但在 1866 年的最后一次霍乱大流行中，死亡人数下降到大约 1.4 万人，这一切都发生在约翰·斯诺成功证明了霍乱是通过受污染的水传播之后。1840 年，传染病导致的死亡约占城市死亡人数的 40%，但到 1900 年，这一数字下降到约 20%。

除了更好的卫生条件之外，增加营养也有助于对抗疾病的侵袭。但这一切听起来似乎不太可能，当时还有掺假食品的传闻——在白面包中使用粉笔或明矾，糖果中使用石膏，香肠中使用马肉——这些都是不受监管的行业造就的。然而，从 1860 年开始，有关食品标准的新立法打击了日益严重的掺假行为。但是，工人阶级的口味已经习惯了那些"流氓"产品，他们对大多数低水平的掺假听之任之。

最近的研究表明，维多利亚时代中期的英国人喜欢吃以水果、全谷物、油性鱼类和蔬菜为主的饮食——实际上比英国今天的饮食还要健康。19 世纪晚期进口的罐头食品和廉价糖带来了营养问题——从长期来看是有害的，但当时来看，它们会带来快乐而不是痛苦。

本文作者罗莎琳德·克罗恩是开放大学的历史系高级讲师，专门研究19世纪英国的社会和文化，尤其是刑事司法和流行文化。

Rosalind Crone is a senior lecturer in history at the Open University, specialising in the society and culture of 19th–century Britain, particularly criminal justice and popular culture

## 发现更多

### 图书
▶《暴力的维多利亚时代：19世纪伦敦的流行娱乐》，罗莎琳德·克罗恩著（曼彻斯特大学出版社，2012）

### BOOK
▶ *Violent Victorians*：*Popular Entertainment in Nineteenthcentury London* by Rosalind Crone（Manchester University Press，2012）

# 塞缪尔·斯迈尔斯（1812—1904）

作为第一拨生活导师，他撰写了《维多利亚价值观》一书。他是一个经常被误解的工作狂

塞缪尔·斯迈尔斯在《自己拯救自己》的第一章中写道："最大的奴隶不是被暴君统治的人，无论暴君有多么邪恶；而是被自己的道德缺失、自私和邪恶所奴役的人。"

努力工作、节俭和自律是改善生活的途径，这一永不过时的信念被斯迈尔斯针对维多利亚时代进行了重新包装。斯迈尔斯的著作出版于1859年，它与另一部影响深远的著作——达尔文的《物种起源》同一年出版，但在当时，它的销量却比《物种起源》的销量高得多。很少有作品比这本被称为"维多利亚时代中期自由主义的圣经"的书更容易被误解了。对一些人来说，它是贪婪的宣言，或者是一本将金钱的优势等同于道德优势的书。对于左派的批评者来说，斯迈尔斯是血汗工厂和解散工会的倡导者。

然而塞缪尔·斯迈尔斯事实上要复杂、有趣得多。他年轻时是一名激进分子，一生都是自由资本主义的反对者，并认为政府和富人有责任为工人阶级提供提高自身地位的手段，比如开办学校和图书馆。他支持扩大特许经营权，鄙视贵族拥有大量土地和仅在代际传递财富。他写道："财富并不能代表卓越。""只有庸俗的人才视财富为财富并加以崇拜。"

你可以从斯迈尔斯自身的成长背景中看到"自助"理念的孕育过程。他出生于东洛锡安，出身一个宗教家庭。在他的作品中，不难看出他严谨的长老会式的自制力，或者可以列举他母亲的例子——她在丈夫英年早逝后承担起了养家的重任。

斯迈尔斯原本学医，但他更喜欢写作和演讲。后来他成了一名激进的记者，批评贵族和《谷物法》的记者。正是对宪章主义中更为极端的因素的怀疑，使他开始了这样一种观点：只有通过每个个体负起改善自己的责任，才能建立一个更好的社会。斯迈尔斯遵循着一项繁重的计划来坚持自己的信念。他在出版书籍、无数文章和论文以及演讲的同时，还做了好几份工作。他的文学作品从胡格诺派教徒的历史到铁路，包罗万象。他还写了一系列经过仔细研究的工程师传记。

但正是《自己拯救自己》这本关于性格和行为的书使他的名字在当时家喻户晓。这本书很快被翻译成各种语言（包括印度语），在日本和意大利尤其受欢迎——甚至为他赢得了一次与意大利民族主义者加里波第会面的机会。他的写作主题在后来的其他作品中得到发展，如《品格论》（1871）、《节俭的力量》（1875）、《人生的职责》（1880）和《生活与劳动》（1887）。到最后，所有人都明白了他的理念，出版商觉得应该在19世纪90年代拒绝出版他的《品行》。

他的精神遗产至今还在对人们产生影响，与其说是对"维多利亚时代的价值观"的崇拜，不如说是人们在自我提升、个人发展、领导能力等多方面的需求。自然而然地，我们至今仍在继续大量购买自助类的书籍。

撰文：尤金·伯恩
word: Eugene Byrne

斯迈尔斯在进入新闻行业之前学的是医学。他撰写了许多畅销的生活自助类作品

生活在罪恶之中

19 世纪 90 年代，一场婚礼派对中对着镜头摆姿势的人们。尽管道德家们疯狂地报道了性放纵和不道德的行为，但同居依然是罕见的

维多利亚时代的工人阶级夫妇为了同居而跳过婚姻，这只是传说吗？
丽贝卡·普罗伯特查阅当年的记录，以还原那些真实的往事。

通俗历史学家和学术历史学家都有一个普遍的假设，即同居（共同生活而不结婚）在维多利亚时代的穷人中很常见。记者马修·斯威特（Matthew Sweet）在《维多利亚》一书中指出，工薪阶层的男女对婚姻采取了"模棱两可和务实的态度"，许多人选择同居是出于经济上的便利。另一些人则暗指生活在"不合规的结合"中的人数是"未知"的——意思是这个数字虽然未知，但肯定数目庞大。从穷人不结婚的观念到工人阶级占人口的最大部分这一现象，很容易陷入这样的思维陷阱：在维多利亚时代的英国，步入婚姻只是少数人的做法。

当然，同居伴侣的例子在维多利亚社会的各个阶层都可以找到。乔治·艾略特（George Eliot）就是一个经常被引用的例子，与她同时期的作家玛丽·伊丽莎白·布雷登（Mary Elizabeth Bradden）和威尔基·柯林斯（Wilkie Collins），以及政治活动家埃莉诺·马克思（Eleanor Marx），经常与她一起出现在维多利亚时代的同居者名单上。是的，19世纪30年代的空想社会主义者罗伯特·欧文（Robert Owen）和19世纪末那些早期女权主义激进派思想家都曾认真讨论过婚姻的替代品。但我们不应该把著名人物和庞大数字混为一谈。

最近，数字化的原始历史数据资料清楚地表明，除了一小部分住在同一屋檐下的维多利亚时代共同居住者外，几乎所有人都举行过婚礼。举个例子：在北安普敦郡基尔斯比村1851年人口普查中列出的夫妻中，如果查看结婚地点的教区登记簿，只能追踪到2/3的婚姻登记。不过，使用现代数字化数据库可以发现，已婚夫妇的比例上升到接近100%。简而言之，维多利亚时代的夫妻婚姻登记比人们以前认为的更具隐蔽性，结婚的可能性也更大。

## 道德感匮乏的热点地区

这种对社会规则的遵从并不局限于像班伯里市郊区这样的乡村地区。贫困的内斯罗普也得到了类似的调查结果，当地因犯罪事件和不道德而臭名昭著。即便是在这里，在1851年的人口普查中，95%的人都有结婚记录，而缺失的5%很大程度上可以归咎于记录错误、多次匹配和海外婚姻。

这些关于同居率很低的调查结果得到了维多利亚时代更为谨慎的评论员的评论的佐证（与那些歇斯底里的辩论主义者相反，他们对"贫民窟"文学的流派之一影响巨大，这种文学使今天的通俗小报受到控制和影响）。查尔斯·布斯（Charles Booth）对1886年至1903年伦敦工人阶级的生活进行了调查，他指出，即使在"最粗鲁的阶层"之中，合法婚姻也是普遍的道德规则。当然，追查有没有举行婚礼仪式并不能保证一对夫妇是合法结婚的——重婚者比比皆是，而且也有类似男人与已故妻子的妹妹步入非法婚姻的例子。但是重婚的相对高发生率只是凸显了维多利亚时代对婚姻的重视。如果同居是可以被接受的，那么就没有必要冒着刑事处罚的风险来维持体面。

那么，夫妻在结婚前就同居，在那时是常见的现象吗？一些历史学家注意到布斯

1877 年，伦敦一条街上，一个卖鲱鱼的商人正在售卖。贩卖平民食物的小贩们举行了一次公开会议，驳斥了他们中只有 1/10 的人合法登记结婚的说法

以新婚夫妇提供相同地址的频率和婚姻登记簿的数据来支持他的观察。但是，当重新核对婚姻登记簿上的地址与人口普查结果时，发现绝大多数声称同居的人实际上分别居住在不同的地址——就这一问题而言，人口普查可能更可靠。毕竟，向人口普查人员隐瞒同居关系并没有什么好处。还有一个非常实际的原因可以解释为什么有些夫妇希望自己登记在同一个地址，即使他们其实并没有住在同一个地址，因为牧师，甚至民事登记官，在面对一对显然是未婚同居的夫妇时，通常会免收婚姻登记费。尽管与 20 世纪中期相比，维多利亚时代的人们结婚较晚，但情侣们在婚礼前就安家的情况仍然很少见。

事实上，维多利亚时代的未婚男女几乎没有建立自己家庭的余地。在 1851 年，赫特福德郡的伯克姆斯特德镇，未婚成年人比例特别高，年龄在 25 岁至 34 岁的女性中有 45% 的人仍然单身，其中大部分人住在家里。还有 1/3 的人当仆人。只有大约 5% 的人拥有了自己的家庭，只有一名女性（100 多名当中的 1 名）似乎曾与一名男子同居，后来她与此人登记结婚。

对维多利亚时代的人来说，婚外关系往往是偷偷摸摸的，而不是公开承认的。穷人依赖房东、雇主，偶尔也依赖慈善机构，他们需要和富人一样保持良好的声誉——即使不比富人更需要。传记作者兼牧师弗朗西斯·基尔弗特（Francis Kilvert）写道，有一对夫妇仅仅因为没有正式结婚就被赶出了他们的家，而一个人要获得社会支持可能取决于能不能出示结婚证。这是一个已婚和未婚之间有明显区别的社会。

## 对穷人的恐惧

那么，为什么对维多利亚时代穷人的这种不同看法如此受欢迎呢？维多利亚时代的中产阶级道德家只愿意相信被遗弃的伦敦居民最坏的一面。穷人甚至更多时候被视为另外一个群体，对他们的恐惧和怀疑意味着任何关于不道德和性放纵的言论都会受到观众的欢迎。

记者亨利·梅休（Henry Mayhew）就是为了迎合这种口味，他在《伦敦工党和伦敦穷人》（1851）中声称，伦敦的廉价商贩（通过街头手推车或小摊出售食品）中，最多只有 1/10 是已婚人士。那些买卖旧货的人被这番诽谤激怒了，他们召开公开会议谴责梅休的这种行径。他们指出，梅休的写作是"为了迎合中上层阶级的品位和观点"。但人们非常清楚，考虑到梅休所在的阶层和公共资源，他的叙述最终会保存并流传下来，事实也证明了这一点。

在过去的几个世纪里，人们声称婚外同居的比例很高，这似乎是现代社会对家庭生活会崩溃这一担忧的一种令人欣慰的回击，但这并不正确。不过，与其称赞那些卖廉价食物的小贩是另类家庭形式的先驱，不如公正地记住他们希望被记住的东西——正如他们以他们的"贫穷但忠诚的妻子"的名义所恳求的那样。

# 同居与"事实婚姻"的传说

最近的数据显示，英国有 300 万对夫妇非婚同居，近 90% 的已婚夫妇在婚前同居过，有 47% 的孩子是非婚生的，其中大部分是非婚同居夫妇所生。然而，所有这些都是前所未有的。

考虑到避孕是违反自然本性且普遍不受欢迎的，大多数稳定的性关系最终都会怀孕生子，这种情况在近些年才有所好转。因此，非婚生子的比例让我们很好地了解人口中同居关系所占的比例。但在前几个世纪，婚外生育相对罕见，同居比例则更为少见。私生子所占比例的波动范围较小：从 1700 年的不到 2% 上升到 1800 年的 5%，1850 年略低于 7%，然后又下降到 1900 年的 4%。对受洗登记册的仔细检查结果表明，在维多利亚时代，同居夫妇生育现象只占非婚生子女的很小一部分，因此在整体出生率中所占的比例微乎其微。

所以，是什么发生了改变？原因很复杂，但其中一个显著的因素就是 "事实婚姻" 这一称谓的出现。与普遍的看法相反，英国法律从来不承认同居夫妇拥有 "事实婚姻"。直到 20 世纪 60 年代，这个词才流行起来；到了 20 世纪 70 年代末，由媒体对当时有限的法律改革的误导性报道产生了这一误解：同居夫妇享有与已婚夫妇同样的权利。

这一传闻如此深入人心，以至于在此之后，婚外生育的比例急剧上升，在 20 世纪 80 年代从 16% 上升到 30%，其中同居夫妇生育占了增长的大部分。

➤本文作者丽贝卡·普罗伯特是沃里克法学院的教授。她撰写了大量关于婚姻和同居历史的文章，并受邀参加了《你以为你是谁？》等节目。

Rebecca Probert is a professor at the University of Warwick Law School.She has written widely on the history of marriage and cohabitation and appeared on programmes such as *Who Do You Think You Are*?

## 发现更多

### 图书

▶《1600 年—2010 年同居的法律规制：从私通到家庭》，丽贝卡·普罗伯特著（剑桥大学出版社，2015）

▶《家谱学家婚姻法：权威指南》，丽贝卡·普罗伯特著（要点出版公司，2016）

### BOOKS

▶ *The Legal Regulation of Cohabitation*，*1600-2010*：*From Fornicators to Family* by Rebecca Probert（Cambridge，2015）

▶ *Marriage Law for Genealogists*：*The Definitive Guide* by Rebecca Probert（Takeaway，2016）

## 威廉·尤尔特·格莱斯顿（1809—1898）

*英国历史上最伟大的政治家之一，由于其高尚的道德品质，使其在政治舞台上独占鳌头*

今天，对于我们中的许多人来说，比起他的政治成就，格莱斯顿在议会之外的活动更让人感兴趣。成年后的大部分时间里，他都会在伦敦街头寻找妓女，试图改造她们。然后，在多次这样的邂逅之后，他会私下鞭打自己，作为对自己淫欲思想的惩罚。

一些传记作家也试图解读他在休闲时间里砍伐树木的意义——就在 1868 年的一次砍伐森林会议上，他得到了一个消息，他将被邀请组建他的第一个政府。"我的任务是安抚爱尔兰。"他对他的同伴说，然后又接着砍树。格莱斯顿精力充沛的"斧头运动"可能只不过是一种古怪的运动选择，因为他对任何运动都不太感兴趣。尽管如此，他确实有一次在雨中步行 53 公里穿过凯恩戈姆山脉，以排解巴尔莫勒尔城堡的无聊。

众所周知，维多利亚女王（Queen Victoria）从来都不和他相处（"他和我说话就好像是在一个公众集会上"）。不管是有意还是无意，他的对手迪斯雷利（Disraeli）最不喜欢他的一点，就是他劝说女王从哀悼中走出来，把兴趣放在政治事务上。迪斯雷利没完没了的奉承是格莱斯顿既没有能力也没有意愿去效仿的行为。

格莱斯顿出生于利物浦的一个商人家庭，祖辈都是苏格兰人，出身富贵。他从伊顿公学（Eton）和牛津大学（Oxford）毕业，他在学校就证明了自己早期作为演说家的能力。1832 年，格莱斯顿以保守党人的身份进入议会。他的首次演讲是支持为废除奴隶制度的奴隶主提供更多的补偿；此时，他自己的家族在加勒比海拥有超过 2500 种种植园奴隶。

虽然这次首次涉足公共生活看起来像是改革前期"旧腐败"中最糟糕的一次，但格莱斯顿很快就适应了维多利亚时代的官僚作风，而且他正直的道德品行让那些世俗的政客感到恼火。当格莱斯顿的许多同时代人的政治旅程从激进主义转向保守主义，或者至少是自由主义时，格莱斯顿是少数走到相反方向的人之一，通过担任财政大臣和 4 届首相，他在近 50 年的时间里，一直保持着在英国政坛的主导地位。

他是一个杰出的演说家，在日常生活里的政治诡计经验丰富，但最重要的是，他对英国国教的极端虔诚是他政治长寿的关键。也许到最后有人会说，他的使命感导致了他职业生涯中一个重大的失败——爱尔兰。他最终提出的《地方自治法案》分别在下议院和上议院遭到否决。

虽然作为"人民的威廉"或"党内老人"，他在某些方面激起了一些人的谄媚，但他也得到了很多人的尊敬，虽然通常是勉强的更多。谁也想象不出他会做什么不诚实或非基督徒的事。

"他竟没有一处需要弥补的缺点。"迪斯雷利抱怨道。

格莱斯顿和迪斯雷利似乎确实互相看不上，但是他们现在都被认为是维多利亚统治时期伟大的政治领袖，这两人戏剧性的截然相反的性格，体现着他们各自所领导的政党的圆颅党人（支持议会、反对国王。——译者注）和骑士党（支持国王。——译者注）的传统。

撰文：尤金·伯恩
word：Eugene Byrne

曾4次担任英国首相的格莱斯顿以爱好砍树而闻名，他的品行端正也是出了名的

犯罪丑闻

本章插图：本·琼斯

克莱夫·布鲁姆揭开了维多利亚时代人们对可怕谋杀案痴迷的面纱——从坚信自己是基督的警察杀手，到在浴缸里淹死自己妻子的残忍骗子。

# 海盗王如豪杰般死去

在 18 世纪，如何能够获得同胞们的称颂——如果你足够幸运的话，还能借此顺便赚一笔快钱——那就是在犯罪领域开创自己的事业。

格鲁吉亚的公众大范围地接受并赞扬那些在法律之外生活的人——其中包括走私者和拦路抢劫的强盗，把他们看作受欢迎的英雄。

到 1837 年维多利亚女王登基时，人们对犯罪的态度已经变得强硬起来。然而，一些不法分子仍然赢得了公众的认可——也许没有什么比"威廉·珀西·霍尼伍德·考特尼爵士"的职业生涯更能说明这一点了。

考特尼来自特鲁罗，他的真名是约翰·尼科尔斯·托姆（John Nichols Thom），但到 1832 年他到达坎特伯雷时，他已经授予自己一个爵士头衔，并改了名字。考特尼曾试图在议会中赢得一个席位，但以失败告终。很快，人们就在镇上看到考特尼穿着天鹅绒的衣服，戴着让人想起海盗王的帽子，腰上绑着一把弯刀，他称之为"王者之剑"。这时，他确实出现了妄想症，于是自愿进了精神病院。

在重获自由后不久，考特尼开始相信他就是回到地球的基督。当地村民也相信了他，很快他就领导了一场争取"自由"的当地起义。1838 年 5 月，考特尼枪杀了一名警员，当亨利·班尼特中尉带着一队士兵赶到现场时，考特尼把他也杀死了（这使班尼特成为维多利亚时代第一位在战斗中牺牲的士兵）。考特尼也在枪战中被杀，英国最后一位真正的乡村亡命之徒因此而死。尽管他拥有不堪的杀人生涯，却仍被视为豪杰，他的追随者等待了 3 天——等待他复活。

# 一张致命的捕蝇纸

19世纪中叶，公众在很大程度上已经不再迷恋像约翰·尼科尔斯·托姆（John Nichols Thom）那样狂野、鲁莽的不法之徒，而是把注意力转向了在郊区别墅的密室谋杀案——同时带着对淫荡、恐惧的迷恋。杀人过程必须是蓄意的、冷血的，凶手则是诡计多端的怪人。而且，对很多男人来说，女人完全符合上述条件。妻子不再是"家中的天使"，而是家庭地狱的潜在恶魔，她们一心想要毒害自己的丈夫和家人。

玛德琳·史密斯（Madeleine Smith）就是这样一个例子，她是一位富有的建筑师的女儿，住在格拉斯哥。史密斯和皮埃尔·安吉利尔（Pierre Angelier）发生风流韵事的同时，她的家人为她找到了一个合适的丈夫威廉·明诺赫（William Minnoch）。愤怒之下，情夫安吉利尔威胁说如果史密斯不嫁给他，他就要敲诈她，但他的威胁还没来得及实施就已经死于砷中毒（砷中毒主要见于口服砒霜所致。——译者注）。这对恋人的信一被发现，史密斯就被逮捕了。然而，警方对这些信件的调查方式很逊，并没有能证明是谋杀，最终史密斯被无罪释放。

美国人弗洛伦斯·钱德勒（Florence Chandler）就没那么幸运了。她嫁给了利物浦商人詹姆斯·梅布里克（James Maybrick），他比她大了整整23岁。梅布里克夫妇经常被邀请去参加上层人士的派对，但没过多久，他们打破常规的混乱的性关系就被抖搂了出来：梅布里克夫人的不忠行为很快就引起了人们的议论，而梅布里克先生的婚外隐密生活——他与不同的女人生了5个私生子——也成为满天飞的花边新闻的来源。

1889年4月，妻子弗洛伦斯·钱德勒购买了浸有砷的捕蝇纸，并将其浸泡以滤出毒药。然后，在4月27日，丈夫詹姆斯·梅布里克显然因为服用了大量士的宁（一种毒药。——译者注）而病倒了。詹姆斯的哥哥很快起了疑心，他把弗洛伦斯·钱德勒囚禁在她的房子里，同时"调查"了她送给情人阿尔弗雷德·布赖尔利的纸条。

5月11日，丈夫梅布里克死亡，病理学家的报告显示他的胃里有微量的砷。弗洛伦斯·钱德勒最终被起诉并接受审判，她被判犯有谋杀罪，但没有任何确凿的证据。因此，弗洛伦斯·钱德勒因"意图谋杀罪"被减为无期徒刑。

# 一张通往灾难的单程票

到了 19 世纪晚期，维多利亚时代的人们对隐藏在上流社会光鲜外表之下的罪恶变得越来越害怕。然而，如果说犯罪加剧了这种恐惧，那么这位虚构作品中伟大侦探的出现至少在一定程度上缓解了这种恐惧——夏洛克·福尔摩斯（福尔摩斯是英国作家阿瑟·柯南·道尔作品中创作的人物，世界文学史上最知名、最杰出的侦探。阿瑟·柯南·道尔一共创作了 4 篇中篇、56 篇短篇的福尔摩斯系列小说。——译者注）在《血字的研究》（A Study in Scarlet）中首次亮相。故事涉及目无法纪和社会解体的双重问题，这本书出版于 1887 年，可能不单单是巧合，因为就在这一年，在血腥星期日（1887 年 11 月 13 日星期日。——译者注）特拉法加广场发生的暴乱（示威者和警察之间的冲突造成 75 人重伤）被视为革命的前兆。

然而，正如福尔摩斯在火车上的许多冒险所证明的那样，如果说社会的衰落被广泛视为维多利亚晚期犯罪浪潮的背景，那么铁路的崛起则为这些犯罪提供了一个新平台。在过去的半个世纪里，火车已经改变了英国。但是，当福尔摩斯将犯罪大师的故事带进书里，火车则被认为更加危险，以至于女人在穿过隧道的时候会把大头针塞进嘴里，以避免骤然而至的侵犯。

1864 年 7 月 9 日，托马斯·布里格斯（Thomas Briggs）的尸体被发现，似乎证实了上述担忧。布里格斯是在从芬彻奇街车站到白垩农场的途中被杀害的，他成为英国第一个在铁路上被谋杀的人（维多利亚火车谋杀案，1864 年 11 月，伦敦监狱里收押了德国移民弗朗兹·穆勒，穆勒因一起震惊英伦的罪案被判。维多利亚火车谋杀案激发了人们近乎本能的报复情绪。——译者注）。

警察循着线索，很快找到了一个名叫弗朗兹·穆勒（Franz Muller）的德国人，他曾试图在一家珠宝店卖掉从被害人布里格斯那里偷来的手表和一条链子，并逃到了纽约以逃避警察的追捕。不过，穆勒的逃跑只是暂时的，因为伦敦警察厅的侦探们搭乘了一艘跨大西洋的轮船，把凶手押送回了他的"避难所"。

1864 年 11 月 14 日，尽管德国皇帝为他请求宽恕，穆勒仍在 5 万名观众面前被处以绞刑。不出所料，这起案件让人们关注到乘客的安全，并导致在列车走廊上安装了被称为"穆勒之光"的探洞灯。

"女人在列车穿过隧道的时候会把大头针塞进嘴里，以防范骤然而至的侵犯"

# 一块肥皂破解了谜案

到了爱德华时代，法医学家已经与侦探并肩坐上了最受公众喜爱的宝座。没有什么能比巴斯的"新娘谋杀案"更能显示这位新英雄引人注目、神通广大的技能了。

1915 年，夏洛克·福尔摩斯的创作者阿瑟·柯南·道尔获得了审判乔治·史密斯（George Smith）的特殊资格。史密斯有足够的魅力欺骗年长的女人成为他的妻子，花光她们所有的积蓄、让她们签署人寿保险、为他虚构的古董和修复绘画的生意埋单。

1908 年至 1914 年间，史密斯前后结婚了 7 次之多。当他最终被逮捕时，其中 3 位已经被他杀害。每位受害者都曾购买豪华的新浴缸，且都因为摔了一跤而死亡，据称是溺水而死。史密斯就把浴缸退还给五金商，然后带着钱消失。一系列的巧合，加上史密斯的房东和侦探对他的怀疑，最终使他被捕。柯南·道尔已经看到了法医病理学家伯纳德·斯皮尔伯里（Bernard Spilsbury）的调查结果。道尔对法医提供的关于实验的证据感到非常惊奇，因为他通过实验证明了史密斯是如何把受害者拖到浴缸里杀死她们的。斯皮尔伯里的诊断和解谜办法都是围绕着死者贝西·曼迪（Bessie Mundy）大腿上的"鸡皮疙瘩"迹象展开的，她当时还不自然地抓着一块肥皂，正是这些细节使这个案子有了新的突破。这可能是警方第一次在连环谋杀案中与法医调查结合起来定罪。

斯皮尔伯里运用法医学和丰富的想象力来进行推理，似乎把福尔摩斯对血型和雪茄烟灰的虚构故事变成了一门精密的逻辑推理科学，因为有了这门科学，罪犯再也无法逃脱法律的制裁。和福尔摩斯一样，斯皮尔伯里既教条又霸道，但他仍然被人们戏称为"真正的夏洛克·福尔摩斯"。

> "史密斯把受害者拖到浴缸里并杀死她们"

# 婴儿代养人的黑暗故事

从来没有足够的证据对史密斯（Smith）或梅布里克（Maybrick）提起诉讼，只有关于女人的丑闻。然而，有足够的证据证明阿米莉亚·戴尔（Amelia Dyer）这个"婴儿代养人"，后来会成为 20 世纪最臭名昭著的连环杀手。

戴尔开始了她的护士工作生涯后，遇到了一个卷入谋杀案的女助产士，由此开启了一个更赚钱的职业。不久，她就成了一名非婚生子女的看护人，她给她"看护的孩子"服用鸦片，或让他们被活活饿死。由于厌倦了等待孩子们死去，只要他们一进入她的监护范围，戴尔很快就开始谋杀他们。

在戴尔的一生中，虽然她曾经进过精神病院，也曾因为疏忽、酗酒和吸毒被判罚——但直到 20 年后人们才开始怀疑她是一个婴儿杀手。一个孩子的尸体在泰晤士河被打捞上来，尸体上有一个地址标签，上面写着"托马斯夫人"。这个标签把警察引到了她的门前。警方发现托马斯夫人正是戴尔，而且在她被抓获前仅一个月就又谋杀了几名婴儿。

戴尔于 1896 年 4 月 4 日被捕，在 1896 年 6 月 10 日以谋杀 200 到 400 名婴儿的罪名被处以绞刑，她长达 20 年的可怕杀人生涯就此终结。事发前，她把钱装进了自己的口袋，在公众态度和法律的保护下生活如此多年未被发现，这一切也要归咎于公众对非婚生子的态度，认为这种行为极为羞耻，法律无视父亲的责任，这一切都为她的丑陋行径蒙上了保护色。

本文作者克莱夫·布鲁姆是米德塞克斯大学英美研究的名誉教授。他的著作包括《维多利亚的疯子：革命和异化》（帕尔格雷夫出版社，2013）。

Clive Bloom is emeritus professor of English and American studies at Middlesex University.His books include *Victoria's Madmen*：*Revolution and Alienation*（Palgrave，2013）

# 伊丽莎白·加勒特·安德森（1836—1917）

**她是妇女参政论者和社会改革家，是英国第一个取得执照的女外科医生，也是维多利亚时期女权运动的核心人物**

维多利亚加冕后那些年，如果你建议女性在更广泛的公共生活中发挥更大的作用，你会被认为是一个怪人。然而，到维多利亚女王去世时，女性在家庭之外发挥作用的观点已经得到了越来越多人的支持。

维多利亚时代见证了公认的现代女权主义运动的开始，伊丽莎白·加勒特·安德森（Elizabeth Garrett Anderson）医生是这场运动的关键人物之一。她在妇女选举权运动中表现活跃。维多利亚去世后几年，她被选为奥尔德堡市的市长，成为英国第一位女市长。

伊丽莎白·加勒特出生于一个富有进取心的中产阶级大家庭，年轻时，她对女孩受教育的局限和生活中角色的局限感到不满，决定成为一名医生。医疗行业就是女性第一个尝试进入的男性职业之一。伊丽莎白·布莱克威尔（Elizabeth Blackwell）（1821—1910），世界上第一个获得医生资格的女性（尽管是在美国），和加勒特（就是布莱克威尔鼓励了她）都认为医学是一个女权主义问题，因为女性不愿意接受男医生的私密检查，这简直是在谋杀她们。

经过激烈的斗争和对抗，加勒特在药剂师协会学习，并于1865年获得了执照。5年后，她获得了巴黎大学的医学博士学位。同时，也有其他的女性在叩响这一职业的大门，尤其是"爱丁堡七人"，这是由索菲亚·杰克斯·布莱克（Sophia Jex-Blake）领导的一小群女性，她们被爱丁堡大学录取为医科学生。

加勒特是维多利亚时代妇女运动的核心人物，她的妹妹米莉森特也是。米莉森特嫁给了政治家亨利·福塞特（Henry Fawcett），并在争取妇女投票权的运动中发挥了重要作用。加勒特积极参与促进妇女就业的运动，并在1866年加入了第一届妇女投票权运动委员会。她晚年仍在呼吁投票，这甚至让奥尔德堡（Aldeburgh）更保守的居民感到担忧，因为她退休后就住在奥尔德堡。

加勒特的医疗生涯里，兼有在伦敦的私人执业和慈善工作。她在马里波恩为贫穷的妇女和儿童建立了一个诊所（门诊诊所），并在1870年成为第一个入选伦敦教育委员会的妇女；她比伦敦所有的候选人都获得了更多的选票，这要归功于她药房病人的丈夫们和商人詹姆斯·安德森（James Anderson）的投票——她于次年与詹姆斯·安德森结婚。

1872年，她在诊疗所的楼上开了一家小医院，作为新的为妇女服务的医院，这是英国第一家所有医务人员都是女性的医院。到1890年，它在尤斯顿路的床位已经扩展到42个。

考虑到加勒特·安德森在事业上投入的精力，据说她对病人的态度是粗鲁的，这一点也不奇怪。不过据说还带点冷幽默。她是酷酷的专业精神的典范，她告诉学生："女人必须学会的第一件事就是穿着要像淑女，举止要像绅士。"

撰文：尤金·伯恩
word：Eugene Byrne

从 1876 年开始，受女权主义先驱加勒特·安德森的影响，妇女被允许进入医疗行业

# 一家之主

家中陈设通常被用来描绘男人的社会地位。这幅 1858 年的肖像画展示了商人亨利·托马斯·兰伯特成功的表象

维多利亚时代满足家庭需求的责任可能落在女性身上，但正如简·哈姆利特（Jane Hamlett）调查结果显示的那样，当涉及家具和装潢时，中产阶级男性拥有足够的决定权。

维多利亚时代的女人通常被认为是"家中的天使"。我们知道，监督做饭、打扫卫生和日常家务通常是女人的职责。但是男人在家庭中的角色是什么呢？中产阶级男女是如何在家中的装潢上讨价还价的呢？

令人惊讶的是，维多利亚时代的男人通常都是狂热的装饰家，他们寻找家具，选择配色方案，甚至为地毯而烦恼。在支配财产的权力方面，19世纪的男性对自己的房屋布置拥有相当大的控制权。在1870年和1882年婚姻法改革之前，女人的财产通过婚姻关系而成为丈夫的财产。所以，除非在结婚的时候有特殊的安排，否则女性在经济上是依赖她们的丈夫的。因此，男性往往是家庭财务的最终控制者。

一个男人为他的家所选择的物品也是他社会地位的象征。1858年，乔治·汤森·科尔（George Townsend Cole）为亨利·托马斯·兰伯特（Henry Thomas Lambert）画了一幅肖像画（见前页），展示了如何用家具来展示男性身份和社会地位。兰伯特是一个船舶商，在他仓库上面的客厅里，可以俯瞰泰晤士河。房间里丰富的物品包括花瓶、格子图案的墙纸、花卉地毯和玻璃穹顶下的装饰品，显示着财富和权力的同时也有一种强烈的家庭氛围。

在维多利亚时代的文化中，人们可以强烈地感受到中产阶级男人负责提供家庭用品的想法。安东尼·特罗洛普的医生索恩，因为为他年轻的侄女提供了一个舒适的家而受到称赞。在小说《妻子与女儿》中，伊丽莎白·盖斯凯尔巧妙地批评了吉布森博士的性格，用他没有能够亲手装潢自己的家来表现他的个性脱离家庭和家人。罗伯特·布雷斯韦特·马蒂诺（Robert Braithwaite Martineau）1862年的画作《旧居的最后一天》（*The Last Day in The Old Home*）表达了上层阶级家庭中男性管理不善给家庭所带来的威胁。由于男性的大手大脚，一个绅士家庭即将离开他们的祖籍。一位挥霍无度的父亲鼓励他的儿子喝香槟，而他的女性亲戚们在消极绝望地看着，周围都是很快就会因为他的鲁莽行为而失去的财产。

## 工作的男人

男性的日记显示了他们对待家庭的责任感。爱德华·赖德（Edward Ryde）是来自伦敦沃金（Woking）的一名测量员，他详细记录了19世纪40年代末，为了迎接即将到来的婚礼，他是如何翻修自己的单身公寓的。赖德和他的新婚妻子莎拉最初住在他单身汉时期在伦敦居住的小房子里，后来他于1864年重新改造了这处位于沃里克广场60号的住所。日记显示，将单身公寓改造为较大的家庭住所是赖德的兴趣和个人骄傲。婚后不久，他就说："我们新装修的客厅非常美观，多亏了帕蒂（他的仆人），把这里收拾得井井有条。"建造新房子时，赖德在莎拉到达之前就买好了东西，并摆放好了物品，让她轻轻松松即可入住。

维多利亚时代中产阶级家庭的某些空间被指定给男性使用。19世纪后期，有关家庭事务（包括家庭装饰）的咨询类的著作急剧增长。这些书的作者把餐厅、书房、吸烟室和弹子房看作男性的房间，而客厅、起居室和闺房则被看作女性的房间。在 1864 年首次出版的《绅士之家》（*The Gentleman's House*）一书中，建筑师罗伯特·克尔（Robert Kerr）强调，客厅应该"完全像淑女一样"。这一观点后来得到了詹宁斯在他 1902 年出版的《我们的家以及如何美化它》一书的支持。詹宁斯说："我的观点是，餐厅应该是男人的天堂，就像客厅是女人的天堂一样。"

女性的空间被装饰成一种轻松愉快的时尚风格，往往有许多的点缀物品。然而，男性空间的颜色较深，家具颜色也较重。一般会推荐使用深色橡木和红木。

这些各种各样的区别，在 19 世纪 60 年代为苏比顿的布莱恩特夫人建造的玩偶屋中得到了体现，现在她的藏品在维多利亚和阿尔伯特童年博物馆（V&A's Museum of Childhood）中展出。这所房子是以她自己的家为基础，并忠实地还原了它当时的布置方式。客厅用浅色装饰，而书房则是深红色系，这种颜色通常与男性空间联系在一起。

图书室和书房被视为男性事业的神圣之地。克尔呼吁这些房间要"安静而持重"，查尔斯·伊斯特莱克（Charles Eastlake）是《关于家居品位的提示》（见 111 页图）一书的作者，他发现图书室比房子里的其他空间更不容易引起抱怨，他宣称"至少这里的家具——通常是橡木的——结结实实"。有人建议仆人和孩子只能经过特别许可才能进入这些房间。同时，装饰设计风格也反映了其严肃的用途。《从厨房到加勒特：给年轻房主的提示》（1887）一书的作者简·埃伦·潘顿（Jane Ellen Panton）宣称："风格应该有一定的克制，它不应该布置得太轻佻，或以某种方式暗示这里只是逢场作戏的地方而并不是真正用来学习的地方，香甜的睡眠也是不对的，要严于律己。"

## 抽烟的房间

吸烟室的装潢有更多争议。克尔给男性这样的建议："一些绅士甚至在自己家里，为了能够享受雪茄这种有害的奢侈品而不得不投入少得可怜的资源，因而才腾出一个专门用于吸烟的房间。"詹宁斯强调了吸烟室作为男性休养生息地的价值："吸烟室这个房间应该一进去就能传达出一种远离喧嚣世界的感觉。"

然而，并不是所有人都同意他的观点。潘顿坚持认为应该禁止在房子里最静谧的房间吸烟。"没有什么比熏人的烟味儿更令人难受的了，我期待着有一天，年轻一代的男人不再像现在这样自私，不再像现在这样沉溺于某种不良的习惯。"潘顿认为，与其给男性留出吸烟的空间，不如把这个房间作为第三个起居室留给女主人来使用。

除了手册里提到的几处地方之外，男性在家中的地盘并不总是神圣不可侵犯的。许多中产阶级家庭，尤其是城市里的中产阶级家庭，住满了大家庭的成员和仆人，根本没有足够的地方来分开放置男女空间。休伯特·尼科尔森（Hubert Nicholson）是赫

男人的背叛：在画作《旧居的最后一天》中，一对父子在自家房子被卖掉时还喝着香槟

尔（Hull）一位印刷工人的儿子，他回忆起自己在 20 世纪早期的童年时代，"我们被紧紧地塞进一个狭小的盒子里"。

此外，孩子们并不总是尊重这些界限。虽然书房可能是一个男性权威被建构的空间，在那里时常有训斥声，它也依然很容易被侵犯。一名建筑师的儿子霍勒斯·柯林斯（Horace Collins）回忆说："一楼有个舒适通风的书房，周围摆满了书架和书柜，那里本应是父亲的独立空间，但全家人都闯入过——那是他最常去的房间。"这个房间太吵了："可怜的父亲，被这没完没了的唠叨所压倒，他会急忙回到他的卧室，手里还带着一本书。卧室还相对安静一些。"

## 新的世纪，新的态度

在 20 世纪，为男性和女性划分不同空间的做法不再受欢迎。潘顿在 1910 年写道，越来越多的丈夫和妻子住在同一个房间里，她将这一变化与越来越多的离婚的产生联系在一起。爱德华·W. 格雷戈里（Edward W Gregory）的《家居的艺术与工艺》（Art and Craft of Household）于 1913 年首次出版，他觉得吸烟室已经变得铺张浪费，而且显得无礼："有一段时间，吸烟帽和吸烟服很时髦。现在，它们会让人觉得自己是个傻瓜，并因此而被人多看几眼。"同样于 1913 年出版的《家居住房》一书的作者亚瑟·斯塔拉德夫人庆祝了吸烟室的消亡，因为她认为分居会对夫妻关系产生负面影响，吸烟室更是"会造成很多伤害"。

因此，在第一次世界大战之后的几年里，吸烟室和闺房几乎不再被使用，除了在非常富有的人家的大房子里。然而，居室家具的选择仍然是夫妻双方需要共同协商的问题，就像今天一样。

本文作者简·哈姆利特博士是伦敦大学皇家霍洛威学院的英国现代史讲师。

Dr Jane Hamlett is a lecturer in modern British history at Royal Holloway，University of London

## 发现更多

### 图书

▶《物质关系：1850年—1910年英国的室内装饰和中产阶级家庭》，简·哈姆利特著（曼彻斯特大学出版社，2015）

▶《在维多利亚时代的家里：维多利亚时代英国家庭生活写照》，朱迪思·弗兰德斯著（诺顿出版社，2005）

### BOOKS

▶ *Material Relations：Domestic Interiors and Middle-Class Families in England 1850-1910* by Jane Hamlett（Manchester University Press，2015）

▶ *Inside the Victorian Home：A Portrait of Domestic Life in Victorian England* by Judith Flanders（Norton，2005）

## 他和她：

查尔斯·伊斯特莱克的书揭露了家庭中的性别之战

查尔斯·伊斯特莱克（Charles Eastlake）和伊丽莎·伊斯特莱克（Eliza Eastlake）的事例揭示了在 19 世纪一对夫妇是如何因家具而争吵的。查尔斯·伊斯特莱克于 1836 年出生于普利茅斯，他的父亲乔治·伊斯特莱克是一名海军部的法律代理人，查尔斯·伊斯特莱克后来在建筑师菲利普·哈德威克手下实习。他很快成为家居品位方面的权威，并于 1868 年出版了一本大获成功的装饰建议手册——《关于家居品位的提示》（*Hints on Household Taste in Furniture, upholy and other Details*）。他多处隐晦地对女性的品位持怀疑态度，还将维多利亚中期装饰的愚蠢行径归咎于受教育程度低的女性。这本书声称为了改造那些"知道自己喜欢什么"的年轻女士，它还指责那些太容易被推销员的花言巧语所左右的"母亲们"："这些好心的女士从一张地毯看到另一张地毯，直到她被它们的色彩弄得眼花缭乱。"

伊斯特莱克努力在自己的家中体现自己的品位。1856 年 10 月，他与伊莉莎·贝利结婚。这对夫妇最初在布卢姆斯伯里安家，后来住在贝斯沃特的德克斯特广场。1895 年，伊斯特莱克以笔名杰克·埃塞尔（Jack Easel）出版了他的最后一本书《我们的方圆》，书中描绘了一幅截然不同的性别品位差异的画面。伊斯特莱克积极参与了他们家的装潢布置，他为自己的作品打造了一个"圣地"，并为卧室选择了他最喜欢的"龙葵"墙纸。但是，尽管他不赞成摆放女性的装饰品，他还是无法阻止他的妻子把她的装饰品散布在家里。特别使他恼火的是卧室里沉重的壁炉架和客厅里临时摆放的几张桌子。"我的妻子喜欢把书、报纸、花盆、工作篮和照片架巧妙地堆在这些家具上，你很难移走一件东西而不影响到其他的东西……就我自己而言，这通常使我不仅输掉游戏，而且也忍不住要发脾气。"

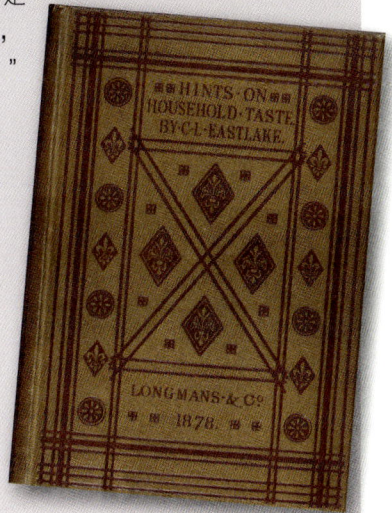

查尔斯·伊斯特莱克( Charles Eastlake )的《关于家居品位的提示》（*Hints on Household Taste*, 1868）帮助男性提升品位

# 治理贫民窟

1889 年，坐在伦敦庭院里的孩子们。住在首都贫民窟的年轻人与当地警方之间的关系很复杂

维持维多利亚时期伦敦最贫困地区的法律和秩序是一份展现警察的双面性最好的工作。莎拉·怀斯记述了一支时而勇敢、时而残暴、时而乐于助人、时而徇私舞弊的警察队伍。

在维多利亚时代的伦敦最贫困的地区当一名警察，理所当然地就会成为怀疑、怨恨和被普遍厌恶的目标——更不用说那些精明、冷峻而又不苟言笑的标签了。19世纪80年代末，一名当地牧师在与老尼科尔东区贫民窟的一位居民交谈时就了解到了这一点。"哦，是的，上帝很好，"这位上了年纪的居民讽刺地说，"如果牧师不亲自来接你，他一般会派两个警察来接你。"

其他牧师、赈济会的人和教会人士也都认为，在试图与老尼科尔的居民建立关系时，他们必须克服的一个主要困难是，人们普遍认为他们是在与警察勾结。除非尼科尔的人确信伦敦警察局不会泄露任何信息，否则人们完全不会信任他们，而且也不愿意与那些来到贫民窟试图提供帮助的机构沟通。

尼科尔（Nichol）占地0.4平方千米，那里破败异常，污秽不堪。19世纪90年代中期，它一直坐落在肖尔迪奇大街（Shoreditch High Street）的东边。这里居住着5700人（其中2/5是儿童），是英格兰和威尔士死亡率最高的地区之一。它的失业率很高，工作极其不稳定，而且报酬低得令人震惊。以女性为户主的家庭和"保释犯人"的数量远高于平均水平。当地学校董事会官员约翰·里夫斯（John Reeves）对尼科尔的谴责十分概括化，他写道："整个道德基准低得令人难以置信。人们的生活内容主要就是欺骗和隐瞒。几乎没有一个家庭不因为某种理由害怕警察。"

约在1895年拍摄的伦敦贫民窟的孩子们。像这样的男孩在首都的大街上迷路时，经常会有警察来帮助他们

## 尼科尔是怎样的罪案频发

尼科尔看起来、闻起来和听起来都很糟糕，但犯罪行为并不是街道上的常态。与伦敦东区传说中的警察禁入区不同的是，这里经常有警察巡逻；而且有5名警察选择住在这个贫民窟里。

虽然书面记录永远不能反映真实的犯罪状况，但很明显，19世纪70年代、80年代和90年代早期，警方和地方法官拥有关于尼科尔的犯罪活动的大量令人沮丧的记录，涉及酗酒、骚乱、夫妻之间的争斗、失踪的狗、附近一条街的动物市场虐待鸟类、父母不遵守儿童强制接种疫苗和学校出勤令，以及违反酒吧许可证，等等。

值得一提的是，J区的警长贝斯纳尔·格林（Bethnal Green）编制了一份截至1890年7月31日的尼科尔内逮捕类型的详细明细。

| 共逮捕：214人 | |
| --- | --- |
| 醉酒滋事： | 72人 |
| 袭击警察： | 35人 |
| 持刀伤人： | 1人 |
| 恶意伤人： | 1人 |
| 猥亵： | 3人 |
| 殴打妻子： | 7人 |
| 攻击女性： | 9人 |
| 自杀未遂： | 2人 |
| 入室盗窃： | 1人 |
| 遗弃孩子： | 1人 |
| 赌博： | 33人 |
| 偷盗： | 14人 |
| 扒窃： | 4人 |
| 接受赃物： | 1人 |
| 故意伤害： | 2人 |
| 非法占有： | 8人 |
| 其他： | 20人 |

尼科尔的30多条街道、小巷和庭院组成了一个奇怪的迷宫般的地形，再加上这一地区的极度贫困，让人们认为这里是小偷的天堂，恶棍们只要能熟练地穿过"迷宫"，就能轻易地摆脱追捕的警察。

这个地区有一个很小的广场，它的官方名字叫作"橘园"，但在当地被称为"小地狱"，那里看上去似乎是一个死胡同，实际上从一楼的房间下面有一条狭窄通道可以进入广场。事实上，许多通往广场的后门为熟门熟路的惯犯提供了一个四通八达的逃跑路线。一个星期天的早晨，当两名警察沿着通道巡逻进入橘园时，第一个警察刚进入广场，就被楼上的一个人用壁炉栅砸倒了，幸好没受重伤，两名警察只得灰溜溜地走了，因为他们知道没有后援他们是无法成功抓到凶手的。

没有保存下来任何文件能让我们看到这个故事的结局。但这并不是一个孤立的事件：在尼科尔，巡警和当地人之间的小规模冲突并不罕见。1888年7月29日下午，代号为111H的警员试图逮捕一个玩街头赌博游戏的小男孩——这是一系列非法街头

大约 1890 年，伦敦的警察站在警察局的外面。当时警察经常被要求执行远远超出其法定职责的任务

活动之一。男孩的父亲理查德·利里（Richard Leary）非常愤怒，试图"营救"男孩。警察去请援兵，然后回到老尼科尔街那家人住的房子里。老利里声称，警察随后用警棍殴打了他。目击者在附近的礼拜街治安法庭上做证，他们身上有一系列据称是警察造成的割伤和挫伤。一小群人聚集起来，向警察们投掷石块和砖头。要么是利里，要么是他 22 岁的邻居亨特（目击者拒绝透露全名），从一层楼往外扔了一块 6 磅重的砖块，砸到了代号为 204H 警员的头。利里被处以一个月的苦役，亨特被处以 10 先令的罚款——后者的判决相对较轻，这可能表明地方法官不太相信警察们的叙述。

## 被棍子袭击

某些伦敦地方法官公开敌视伦敦的警察，拒绝接受他们的证据并释放了一名被告。当代号为 396H 的警员声称 1891 年 9 月他在尼科尔被威廉·琼斯用棍子殴打时，拜特街的法官直接指控他撒谎。这名警官在对袭击事件的描述中自相矛盾，法庭书记员和他自己的督查都让他闭嘴，命令他坐下来。法官接受了被告的母亲和姐姐的说法——这名警察在尼科尔街附近喝酒，打了一个盯着他看的孩子，琼斯当时是赶过来救孩子的。

一些地方法官担心伦敦警察厅在滥用 1871 年颁布的《预防犯罪法》赋予警察的权力（在伦敦东区最贫困的地区，它被称为"苍蝇纸"，因为一旦被粘上，就几乎不可能脱身）。该法案规定任何被认定为"嫌疑犯"的人，如果有两次前科，一旦被发现在街上游荡即可被判处 12 个月的苦役。

许多崇尚自由的英国治安官不相信某些警察，因为后者似乎对个人的权利如何正确行使知之甚少，而且似乎在迫害"某些"人。在许多人看来，老尼科尔似乎是一些不道德警员的快乐狩猎场——尽管伦敦各地的公众都在指控伦敦警察厅非法逮捕和不必要地使用武力。

然而，除了这些令人担忧的事件之外，还有大量报告证实，警察被要求在社区内执行一系列与预防或调查犯罪无关的任务。当发生严重事故或尼科尔内部出现严重医疗状况时，在这个医疗资源紧缺、费用昂贵得令人望而却步的时代，警察往往是公众最先接触的对象。验尸官的调查报告和当地报纸明确指出，如果一名医生不履行职责，公众会求助于警察。1892 年 1 月的一个晚上，尼科尔街 21 号 77 岁的丽贝卡·菲

1895 年，在伦敦贫穷的东区，购物者在一个摊位外摆姿势拍照

特患支气管炎，当地的医生没有按照菲特的邻居和她丈夫的要求及时出现，他们在街上叫来了一名警官，正好赶上菲特死去。在验尸官的询问中，这名警官被问到了医疗问题。

在发生家庭暴力事件之后，警察也承担了巨大的工作量，而家庭暴力事件在尼科尔发生的次数实在太多了。妇女儿童法律联合保护研究所是一个创新的、有远见的（尽管名字不太优雅）机构，成立于 1843 年，旨在帮助妇女起诉实施暴力的家庭成员。这是一个有争议的问题，因为这些年来家庭生活在很大程度上被认为是国家和法律的禁区。该研究所依靠警察来帮助定罪家庭暴力，就像，在此之后，许多警察用勤奋和同情心帮助了全国防止虐待儿童协会，与虐待儿童行为作斗争一样。从 1889 年开始，警方被赋予了更大的权力，可以在怀疑家庭内部存在虐待和忽视儿童的情况下对其进行干预。

尼科尔的孩子们与警方有着错综复杂的关系。正如前面提到的利里和琼斯案件所表明的那样，贫民窟儿童和警察之间可能存在敌意。但东安德·亚瑟·哈丁回忆说，当他还是个孩子的时候，已经不止一次，他在尼科尔河附近迷路了，好心的金斯兰路警察局的警官会把他接走，给他面包和果酱，让他玩警察局专门为走失儿童准备的玩具。"那里的人以前总是把你当回事，"亚瑟回忆说，"他们知道你饿了。"

总而言之，那些在纪录片《老尼科尔》中描绘的警察形象提供了相反的一面：一种勇敢和人道的力量，自愿超越法定职责的范畴去执行。

从这个贫民窟得出的唯一结论是，有些警察对不起他们穿的制服，而另一些则是这个经常陷入绝望和麻烦的社区的无价之宝。

本文作者莎拉·怀斯的著作包括《最黑暗的街道：维多利亚贫民窟的生与死》（企鹅兰登出版社，2009）。

Sarah Wise's books include *The Blackest Streets*：*The Life and Death of a Victorian Slum*（Vintage，2009）

## 发现更多

### 图书

► 《1750年—1900年英国的犯罪与社会》，克莱夫·埃姆斯利著（皮尔森出版社，2005）
► 《大不列颠警察：从1829年至今的英国警务史》，克莱夫·埃姆斯利著（栎树出版社，2010）
► 《19世纪的犯罪与工业社会》，J.J.托拜厄斯著（企鹅出版社，1967）

### BOOKS

► *Crime and Society in England，1750-1900* by Clive Emsley（Pearson，2005）
► *The Great British Bobby：A history of British policing from 1829 to the present* by Clive Emsley（Quercus，2010）
► *Crime and Industrial Society in the Nineteenth Century* by JJ Tobias（Penguin，1967）

# 护理中的统计学

弗洛伦斯·南丁格尔改变了前线的护理工作。不过，斯蒂芬·哈利迪解释说，除此之外，南丁格尔还利用她对统计学的热情为士兵和穷人争取了更好的食物、卫生条件和衣物。

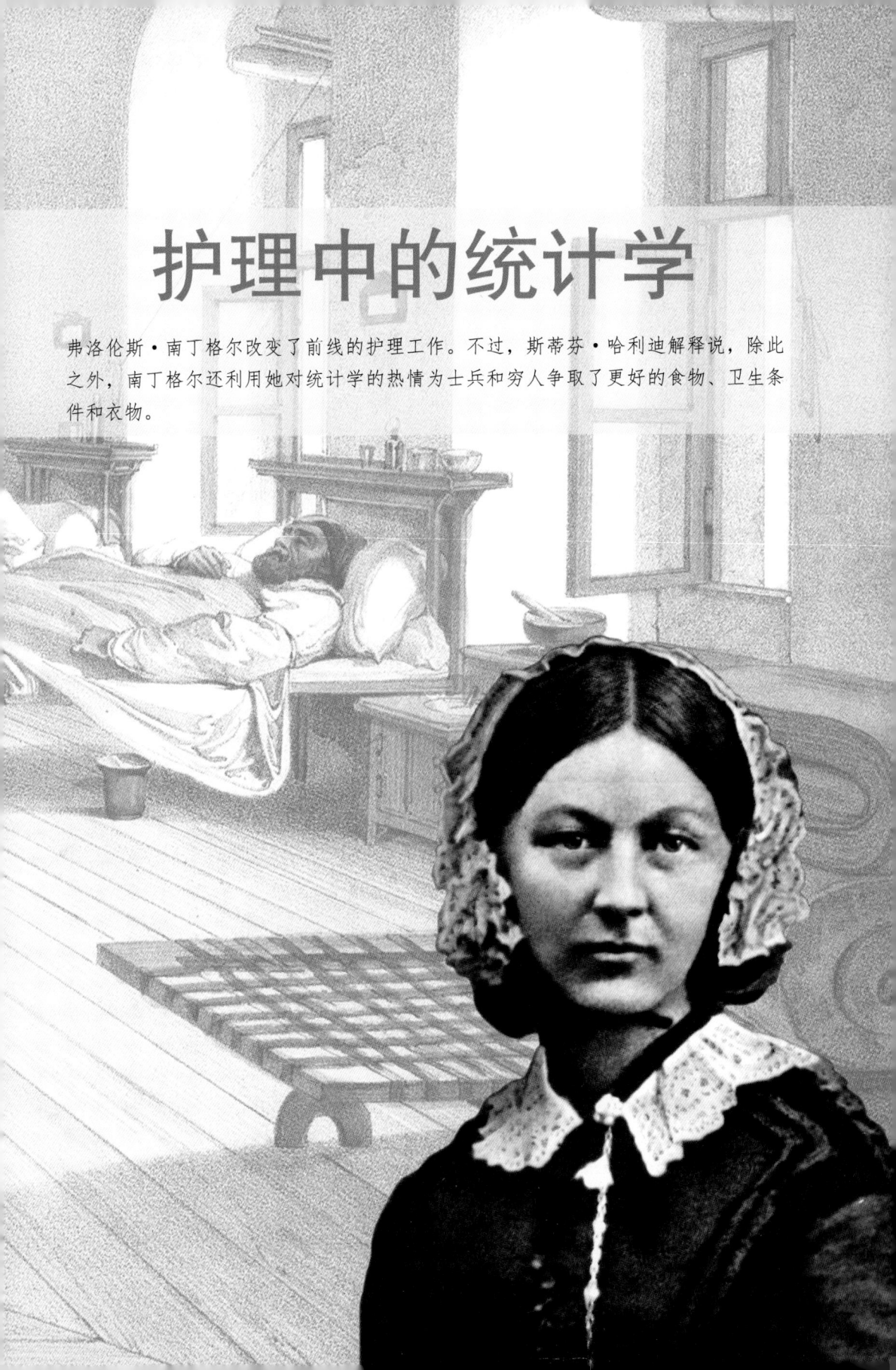

　　弗洛伦斯·南丁格尔不仅因她是"提灯女神"而被人们纪念，而且因为她是一位"热情的统计学家"而被人们纪念。

　　这是弗洛伦斯的朋友卡尔·皮尔森（1857—1936）发表的言论。作为伦敦大学学院的教授，皮尔森本人是将统计学应用于社会问题的先驱。弗洛伦斯的表妹希拉里·邦汉－卡特（Hilary Bonham-Carter）证实了他的观点，她写道："不管弗洛伦斯多么疲惫，看到长长的一列数字，她就完全恢复了活力。"弗洛伦斯自己写道：统计数字是"我们可以解读上帝思想的密码"。

　　她对这一主题很早就产生了兴趣，而且大多是自学的，但这使她的父亲感到沮丧，因为他认为这一主题缺乏女性气质。弗洛伦斯第一次运用她的数学技能是在德国的凯泽斯韦特接受护士培训时，追踪疾病与年龄、性别和贫困等因素之间的关系。

　　在她的一生中，她的数学天赋常常使她感到沮丧，因为她试图影响的那些人太无知了。她曾在1891年写道："尽管国会大厦里绝大多数的内阁部长、军人和行政部门人员，包括国会两院人士，都接受过大学教育，但在统计学的实际应用方面，大学教育教给了他们什么呢？"她对所遇到的数盲感到绝望，于是设计了一个"花心图"，目的是"通过眼睛去影响那些我们可能无法通过耳朵传达的东西"。这是一个早期的复杂的饼状图。当她到达斯库塔里——克里米亚的伤员驻地时，弗洛伦斯计算出死于疾病的人数是战争中死亡人数的7倍（见121页图），并利用这一信息为军队争取更好的食物、卫生条件和衣物。她说服政府委托伊桑巴德·金德姆·布鲁内尔（Isambard Kingdom Brunel）（布鲁内尔是一名杰出的英国工程师，皇家学会会员。他革命性地推动了公共交通、现代工程等领域的发展。——译者注）设计一所预制件医院，并将其运至斯库塔里，尽管该医院是在敌对行动结束后才完成的。

　　回到英国后，弗洛伦斯继续她的工作，她计算出，即使是在和平时期，住在军营之中的25岁至35岁的所谓健康士兵的死亡率也是平民人口的2倍。她写信给约翰·麦克尼尔爵士（他负责调查管理不善的克里米亚战役）："阵地、炮兵和卫兵的死亡率分别为17‰、19‰和20‰，而平民生活中的死亡率只有11‰，这就如同把士兵带到索尔兹伯里平原上枪毙他们一样，都是犯罪行为。"

　　弗洛伦斯在降低维多利亚女王的臣民的死亡率，尤其是士兵死亡率方面最重要的盟友是维多利亚女王本人。维多利亚对她的士兵的福利非常感兴趣。她给斯库塔里的弗洛伦斯写信，送给她一枚刻着"仁慈者有福"的勋章，并要求弗洛伦斯直接向她报告，让她回来后立即到巴尔莫勒尔拜见她。弗洛伦斯对巴尔莫勒尔的访问给维多利亚女王留下了深刻的印象，女王写道："我们与南丁格尔小姐相识，为她的温和、单纯和极其清晰、全面的头脑而高兴和深受感动。我真希望她在陆军部工作。"在与维多利亚女王和阿尔伯特亲王进行了长时间的面谈之后，弗洛伦斯写信给她的叔叔："女王希望我留在这里去拜见潘穆尔爵士（战争的指挥官），而不是去伦敦，因为她认为我可以留下来和爵士做些什么，女王会支持我。"为了让潘穆尔爵士保持一种"正确"的心态，维多利亚写信给他说："潘穆尔爵士将会对南丁格尔小姐非常满意，并被她所打动。"

弗洛伦斯一直很好地利用着这种联系。当她不满意政客和官员们对她的报告、统计数据、图表的反应时，她就写信给维多利亚或者阿尔伯特。比如，她对圣托马斯医院从伦敦桥迁到艾伯特堤岸的新址计划的人口影响进行了分析，她向阿尔伯特亲王提交的关于该问题的报告得到了保证"已经得到了关注，您的任何来函都会引起重视"。

弗洛伦斯对潘穆尔爵士的采访促成了关于英国军队健康的皇家委员会的成立。她用"花心"状的图表向专员们连珠炮般地询问兵营的死亡率与供水、排水、通风、住宿和食物等因素之间的关系，并用这些数据去印证她的观点。委员会于1863年作了报告，接受了她的大部分建议，弗洛伦斯利用她与皇室的关系确保这些建议得到实施。这些建议使死亡率下降了75%。

在梳理医院的统计数字的同时，弗洛伦斯把她的注意力转向平民百姓的福利。1860年，她出席了国际统计大会，并宣读了一份文件，其中她提出了一项收集"医院统计数据"的计划，这促使代表们决定"应将南丁格尔小姐的计划转达给在座所有代表的政府"。她主张在1861年的人口普查中列入关于"在人口普查日统计患病或体弱的人"的问题，以便她可以分析数据，并建立"人口的健康和住房之间的联系"。人口普查专员们拒绝了她的请求，理由是"患有疾病或身体虚弱"这些术语太过模糊，无法整理出可靠的信息。1858年，她成为第一个被选为统计学会会员（后来又冠

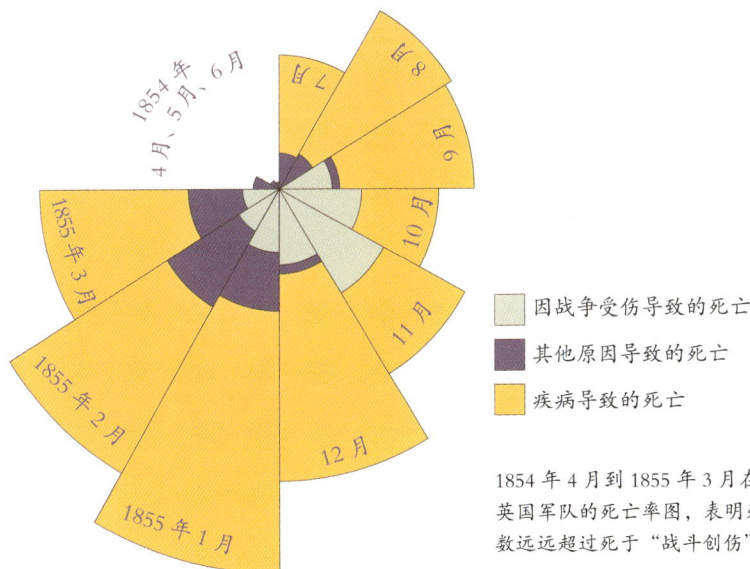

因战争受伤导致的死亡

其他原因导致的死亡

疾病导致的死亡

1854年4月到1855年3月在克里米亚的英国军队的死亡率图，表明死于疾病的人数远远超过死于"战斗创伤"的人数

1856 年的一幅照片，南丁格尔在土耳其斯库塔里的一家医院里，那里是克里米亚战争中英伤亡人员的驻地

以"皇家"二字）的女性。15 年后，另一个女人再次当选：她就是同样令人尊敬的安吉拉·伯德特 – 库茨夫人。

弗洛伦斯的战斗一直持续到她生命的尽头。1891 年，随着另一次人口普查的临近，她给优生学家弗朗西斯·高尔顿（Francis Galton）写了一封信。这封信的标题是"社会物理（即社会科学）和教学方案"。在方案里，她提议收集关于 4 个主题的数据（以下内容摘自她的信件）：

A.教育的影响：有多少孩子在离开学校时已经忘记了他们的教育内容？

B.惩罚：监禁对犯罪的威慑或鼓励作用？

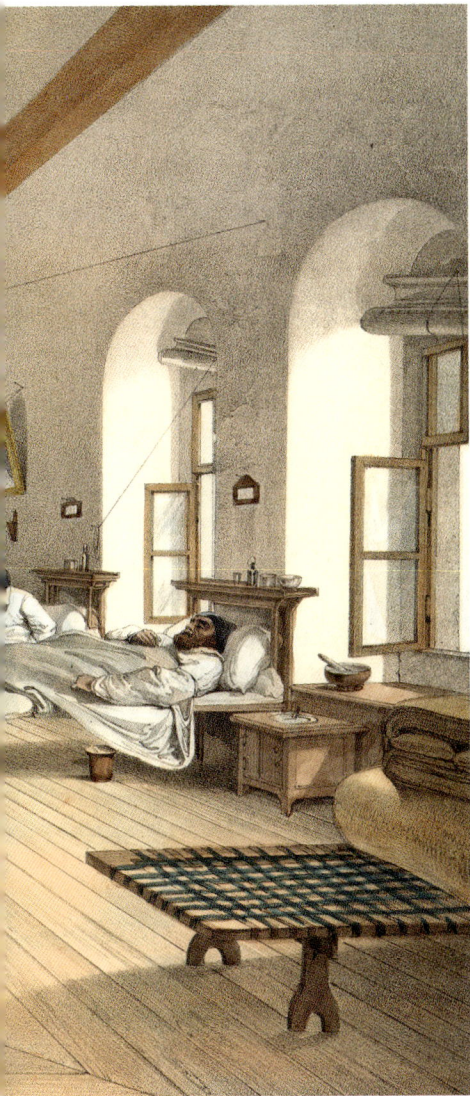

C.济贫院：济贫院记录中代代出现的名字的比例是多少？

D.印度：那里的人口是越来越富裕还是越来越贫穷？

　　同年，还是在1891年，她与牛津大学贝利奥尔学院（Balliol College）的院长本杰明·乔维特（Benjamin Jowett）以及弗朗西斯·高尔顿进行了通信，告知他们她打算遗赠2000英镑给牛津大学，以资助其开设一个统计学教授的职位，这将是世界首创。她后来撤销了这一决定，因为她不确定这笔钱最终会不会"用于资助一些细菌或微生物"，她的意思是说也许这笔钱不会产生什么结果。

　　显然她并没有把每件事都做得尽善尽美。她对19世纪霍乱流行的分析使她相信霍乱是由污浊的空气引起的，而不是被污染的水。她的影响如此之大，以至于她可能阻碍了人类与霍乱的斗争。但是，尽管有这样的误判，她依然的的确确是一个"充满激情的伟大统计学家"。

本文作者斯蒂芬·哈利迪博士是《大污秽：维多利亚时代英格兰的疾病之战》（萨顿出版社，2007）一书的作者。

Dr Stephen Halliday is author of **The Great Filth**：**The War Against Disease in Victorian England**（Sutton，2007）

## 发现更多

### 图书
▶《弗洛伦斯·南丁格尔：一个女人和她的传奇》，马克·博斯特里奇著（企鹅出版社，2009）

### 拜访
▶去伦敦的弗洛伦斯·南丁格尔博物馆探索南丁格尔的生活和给人们留下的遗产

### BOOK
▶ *Florence Nightingale: The Woman and her Legend* by Mark Bostridge（Penguin，2009）

### PLACE TO VISIT
▶ Explore Nightingale's life and legacy at the Florence Nightingale Museum，London.

# 进退两难

在弗兰克·霍尔1872年的画作《复活在我，生命也在我（乡村葬礼）》中，一个家庭正在哀悼所爱之人的死亡。在这个时代，拥挤的墓地里的尸体被认为"对生者的健康有害"

截至1840年，伦敦的墓地已经爆满，散发着恶臭，给生者带来了严重的健康风险。露丝·莱维特解释了维多利亚时代人们如何处理死者遗体的问题。

1815 年巴黎的贝尔拉雪兹公墓景观。这个占地 44.5 公顷的 "自然" 公园，可以容纳成千上万的墓地，它甚至影响了英吉利海峡对岸的墓地设计师

　　我敢肯定，许多道德感强、心理敏感的人一定容易生病，当他们目睹了堆积如山的泥土，被人的遗骸和散乱破碎的尸体浸透并染成黑色……随着棺木下移，可以听到从坟墓里传来的水滴声，每一个哀悼者都感到战栗。

　　约翰·布莱克本牧师这句令人毛骨悚然的话出现在一份关于城镇埋葬习俗的报告中，这份报告是 1843 年由埃德温·查德威克为内政大臣准备的。死亡人数不断上升，特别是在拥挤又肮脏的城市社区，霍乱、肺结核、白喉、天花和斑疹伤寒是这里致人死亡的主要杀手。

　　此时大部分的旧墓地都已经被填满，或者即将被填满。它们周围密集的房屋、商店、酒馆、工厂和工作场所意味着它们早已没有了扩张的空间。一些教区在别处找到了更多的土地。

　　特拉法加广场上的圣马丁公墓曾使用了特鲁里巷（Drury Lane）的一个墓地，并在卡姆登镇（Camden Town）以北 5 公里的地方又开发了另外一个墓地。

　　掘墓人采取了孤注一掷的手段。由于浅埋和公共墓坑数量激增；为了节省空间，有的棺材在埋葬后不久就被移走了。甚至有时没有棺材，就在尸体上撒上生石灰，以加速其腐烂。

　　墓地气味很难闻，通常也很少或根本没有维护。盗尸者可以很容易地挖出新埋的遗骸卖给医学院，这些医学院需要尸体供学生解剖。1828 年，爱丁堡的诺克斯教授甚至为 17 名受害者遗体支付了大约每具 8 英镑（大约相当于今天的 550 英镑）的费用，钱付给了臭名昭著的杀人犯伯克和黑尔。

查德威克是济贫法委员会的秘书，他认为拥挤的墓地和墓穴中尸体散发出的"腐烂的气味对生者的健康有害"。查尔斯·狄更斯认识查德威克，他将《荒凉山庄》（*Bleak House*）（1853）中位于特鲁里巷的墓地虚构为"一个被瘟疫和淫秽行为包围的教堂墓地，在那里，我们还活着的亲爱的兄弟姐妹们的身体被恶性疾病传染着"。

狄更斯还公开反对铺张浪费的葬礼和当时社会上盛行的奢侈、无节制的各种悼念方式。但到 19 世纪中期，狄更斯反对的这种方式已成为一种常态，更糟糕的是，穷人以毁灭性的代价效仿着这种行为。这些行为不但"不尊重死者留下的记忆，也给生者带来了极大的耻辱，因为它们把人类最庄严的场合与毫无意义的哑剧、欺骗性的债务、挥霍无度和完全忘却

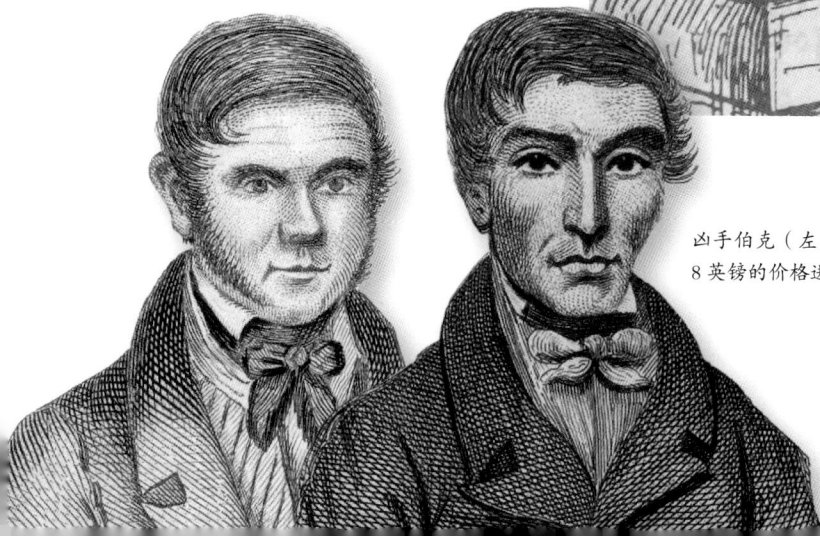

凶手伯克（左）和黑尔（右）以每具尸体 8 英镑的价格进行黑市交易

责任的坏榜样联系在一起"。

　　劳工们因为负担不起殡葬费用而拖延埋葬死者的时间。"你会看到一具尸体躺在房间里，里面还同时有 8 到 12 个人要睡觉，有时甚至是在停尸的房间里连续数日吃饭、睡觉"，这种情况在当时并不罕见。

　　根据查德威克的说法，最拥挤的地方是私人殡仪馆："在这些地方，担任牧师的人通常没有受过什么教育，他们穿上法衣，宣读教堂礼拜仪式，或者其他可能需要的仪式。这些地方在道德上令人反感。"

巴黎贝尔拉雪兹公墓成功进行的商业经营（1804 年开放）很快成为一个有影响力的模式：这是一个景观优美、占地 44.5 公顷的"自然"公园，可以容纳成千上万的坟墓、墓穴、地下墓穴、拱顶和骨灰瓮，配有葬礼雕塑和园艺，可供游客欣赏。

## 花园墓地

1832 年，议会授权公墓总公司筹集投机性股份资金，在帕丁顿西北的伦敦郊区肯萨尔格林（Kensal Green）建造一个新的大型公园式公墓。该公墓于第二年对外开放，占地 19.5 公顷。很快，伦敦周围又建立了 6 座类似的私人墓地：1837 年在西诺伍德，1839 年在海格特，1840 年在阿布尼公园、布朗普顿和努黑德，1841 年在陶尔哈姆莱茨。

1843 年，约翰·克劳迪斯·劳登在他的《墓地的设计与管理》一书中解释说，墓地的主要目的是处理死者的遗骸，"以这样一种方式，即死者的分解，使他们返回他们来的那片土地，对生者不会造成伤害——或者影响他们的健康，或打击他们的情感、观点"；第二个目的应该是"提高所有阶级，特别是社会大众的道德情操和普遍品位"。劳登主张在新建的排水良好的郊区景观墓地里，把密封的、可生物降解的棺材深埋在一个单独的坟墓里，永远不要重新开启。

1852 年，《城市埋葬法》禁止在伦敦市中心进行任何在原有基础上更多的埋葬行为。1884 年，《废弃墓地法》禁止在伦敦市中心修建墓地。

## 死于战场

在某种程度上，墓地过度拥挤的问题部分源于宗教领袖、议会和公众舆论迟迟不接受替代方案。大多数基督教人士都憎恶火葬，认为它与身体复活的信仰背道而驰。从 1886 年到 1963 年，罗马天主教堂禁止火葬，只允许焚烧战场上的死者。如今，犹太教、希腊和俄罗斯东正教、伊斯兰教和琐罗亚斯德教都禁止火葬，而佛教、印度教、锡克教和耆那教则允许火葬。

1822 年，诗人雪莱在意大利北部海岸附近的海上溺水身亡，他的尸体被冲上海岸后被火化，以符合意大利的检疫规定。关于火葬的严肃辩论始于 19 世纪 50 年代的意大利，当时医生们发表了一些文章，认为火葬可以替代土葬。

在 1873 年的维也纳国际博览会上，展出了一个火炉模型，给英国著名的医生亨利·汤普森爵士留下了深刻的印象。1874 年 1 月，他在《当代评论》（Contemporary Review）上发表了一篇题为《死后遗体处理》的文章，并成立了一个组织，这个组织后来发展成为英格兰火葬协会（Cremation Society of England，现在的英国火葬协会）。他们筹集了资金，并从伦敦墓地公司（London Necropolis Company）手中购买了沃金的一个火葬场，但当地的反对和对火葬合法性的持续不确定性推迟了这个计划的进一步进展。主要的反对意见是火葬会毁掉犯罪证据。

1884年2月15日，加的夫法院作出了一项具有里程碑意义的判决，认定只要不对他人造成滋扰或冒犯，火化遗体是合法的——法官詹姆斯·斯蒂芬爵士宣告威廉·普莱斯无罪。威廉·普莱斯是一名威尔士医生，也是一名德鲁伊教徒，被控试图在兰特桑特的一个开放的山坡上火化他5个月大儿子的尸体。受这一判决的保护，沃金火葬场于1885年开放，只接受经法律证明正常死亡的尸体。火葬协会的支持者在议会提出了一项法案，以支持新的法律立场。虽然当时政府和反对派否决了该法案。但这并没有阻止1892年至1901年在曼彻斯特、格拉斯哥、利物浦、赫尔和达林顿开设火葬场。

1902年，国会通过了火葬法案。同年，只有大约有450人被火化，不到每年死亡人数的1%。到1968年，火葬的数量已经超过了土葬。到该法案颁布100周年时，243家火葬场处理了43万多具尸体，占所有死亡人数的71%以上。

此后，人们对"自然墓葬"的兴趣迅速增长，因为尸体自然埋葬的方式可以加快尸体的分解，并使得尸体能够自然循环利用——这样一来，事实上，地方当局正越来越多地在传统墓地内为环境友好的墓葬提供"绿色"区域。浅埋和生石灰的日子似乎已经迅速消失了。

本文作者露丝·莱维特博士是伦敦国王学院政治经济学的高级研究员。

Dr Ruth Levitt is a visiting senior research fellow in political economy at King's College London

## 发现更多

### 网站

▶ 要找到英国人的祖先或名人的坟墓，请登录findagrave.com

### 图书

▶《肮脏的老伦敦：维多利亚时代与污秽的斗争》，李·杰克逊著（耶鲁大学出版社，2015）

### WEBSITE

▶ To locate a grave of an ancestor or someone famous, go to findagrave.com

### BOOK

▶ *Dirty Old London：The Victorian Fight Against Filth* by Lee Jackson（Yale University Press，2015）

# 那些荣耀的死者

## 伟大的人都在哪里安息

### 肯萨尔格林公墓→

约翰·克劳迪斯·劳登、伊桑巴德·金德姆·布鲁内尔、威廉·梅克皮斯·萨克雷和史密斯都葬在这座位于西伦敦的公墓里，这里共葬有约 25 万人。肯萨尔格林公墓于 1833 年开放，是首都 7 个"花园墓地"中的第一个，自那以后面积扩展到 31 公顷，毗邻哈罗路、拉德布罗克格鲁夫和大联盟运河。如今，火化、骨灰场和公墓标准葬礼的花费分别为 650 英镑、3170 英镑和 12200 英镑。

### ←佛罗格莫尔皇陵

这是一个适合女王下葬的地方。当维多利亚女王和阿尔伯特亲王计划建造他们自己的皇家陵墓时，他们不遗余力地确保这座意大利罗马式建筑内部的装饰华丽，两座花岗岩石棺上刻着女王和亲王的大理石雕像。外面是一个皇家墓地，有 30 多个坟墓，包括维多利亚的仆人约翰·布朗、前爱德华八世和他的妻子沃利斯·辛普森等人的坟墓。

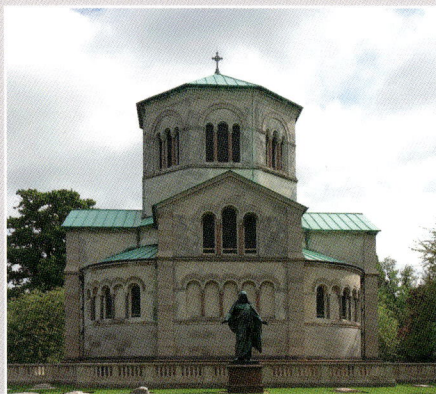

维多利亚和阿尔伯特被埋葬在这座宏伟的意大利罗马式建筑中

卡尔·马克思安葬在海格特公墓

## ←海格特公墓

这座时尚的北伦敦墓地，由建筑师斯蒂芬·吉尔里（Stephen Geary）设计，于 1839 年开放。当时，这块 7 公顷的土地的价格是 3500 英镑；今天，这块扩至 15 公顷的土地已价值数十亿美元。海格特公墓有超过 17 万人，埋葬在 5.3 万个坟墓中，其中包括卡尔·马克思、乔治·艾略特、迈克尔·法拉第和查尔斯·克鲁夫特等名人。

## 威斯敏斯特教堂→

从 1272 年的亨利三世到 1760 年的乔治二世，修道院是大多数英格兰和英国君主的首选墓地。和这一长串皇室成员一起，躺在这一有着 1000 多年历史的遗址上的，有查尔斯·狄更斯、杰弗里·乔叟、艾萨克·牛顿和查尔斯·达尔文等名人。威斯敏斯特教堂还有一位在一战中阵亡的无名战士的坟墓（右图），他是一名身份不明的英国士兵。

# 伊丽莎白·盖斯凯尔（1810—1865）

小说家和短篇小说作家，其广泛的作品包括粗犷和令人震惊的"问题"小说以及一些喜剧故事和鬼故事

> 那些每天在我居住的城镇繁忙的街道上用肘推我的人，他们生活中的浪漫可能有多深呢？我一直对那些忧心忡忡的人深表同情，他们似乎注定要在工作和贫困的奇怪交替中挣扎一生。
>
> ——《玛丽·巴顿》序言

伊丽莎白·盖斯凯尔是维多利亚时代最优秀的小说家之一，她多才多艺，无论是长篇小说还是短篇小说，无论是历史剧、鬼故事还是乡村和小镇生活的故事，她都能写。她还写了许多关于穷人生活的令人不安的故事，贫穷、私生子和卖淫的故事。她最著名的"社会"小说包括《玛丽·巴顿》（1848）、《露丝》（1853）和《南方与北方》（1855）。

伊丽莎白·克莱霍恩·史蒂文森出生于伦敦，父亲威廉·史蒂文森是一名公务员和作家。这家人都是一神论者，对社会责任有着强烈的信念。但在母亲早逝后，伊丽莎白童年的大部分时间都和她的姑姑汉娜·伦布住在柴郡的斯特拉福德，并在寄宿学校学习。她的童年经历，加上她父亲的再婚，以及她后来对全国各地的大家庭的访问，为她后来的写作提供了关于家庭问题和悲剧创作的大量素材。

虽然斯特拉福德这个地方在她那篇关于乡下生活的通俗讽刺中篇小说（最初于1851年至1853年在狄更斯创办的杂志《家常话》中连载）中是虚构的，但她作为一位牧师妻子的角色，能有更多的真实生动的作品。1832年，她与曼彻斯特十字街教堂的助理牧师威廉·盖斯凯尔结婚。当时的社会和经济问题层出不穷，很快，宪章派和反《谷物法》联盟就活跃在街头。她协助丈夫做一些慈善工作，

这位小说家以能够将笒人听闻的情节与敏锐的社会观察结合在一起而闻名

这使得她与曼彻斯特一些最贫穷的人有了直接接触。

作为维多利亚时代的妻子,她也是接连怀孕。1845年,她失去了9个月大的儿子威廉,这让她陷入了深深的抑郁,她的丈夫鼓励她通过写作来排解。虽然在此之前她已经发表过许多作品,但这场悲剧似乎标志着她小说写作生涯的正式开始。

《玛丽·巴顿》最初是匿名出版的,受到很多人的欢迎,但却遭到曼彻斯特商界的憎恨。《露丝》讲述的是一个十几岁的女裁缝被诱奸并生下一个私生子的故事(这个故事是根据盖斯凯尔在监狱里拜访过的一个女孩的真实故事而写成的),这部作品引起了更大的骚动——威廉·盖斯凯尔的教会会众烧毁了这本书的一个副本。

"盖斯凯尔夫人"是一位多产的作家,擅长创作短篇小说和连载(而且显然把大部分收入花在了她对旅行的热爱上)。其中很多都发表在狄更斯编辑的杂志上。他称她为"亲爱的山鲁佐德"(取自《天方夜谭》中的一个角色),但他们的关系很紧张;她不喜欢他动她的稿件,他也不喜欢她一再延期交稿。

她本人很健谈、很外向。她非常喜欢与人交往,她在普利茅斯格罗夫的家是曼彻斯特知识分子的沙龙,吸引了全国各地的人到此。盖斯凯尔的朋友中有夏洛特·勃朗特、托马斯·卡莱尔、约翰·罗斯金、弗洛伦斯·南丁格尔和查尔斯·金斯利。

．．．．．．．．．．．．．．．．．．．．．．．．．．．．．．．．．．．．．．．．．．．．．．．．

撰文:尤金·伯恩
word:Eugene Byrne

# 工作和娱乐

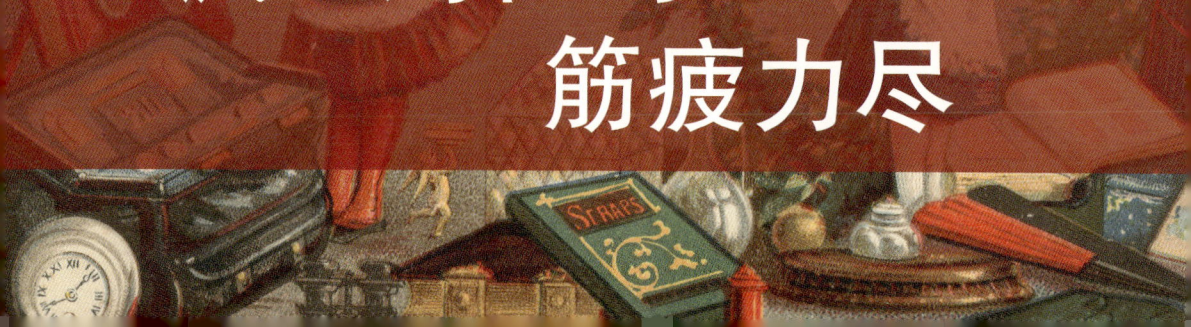

疯狂购物到
筋疲力尽

维多利亚时代的一则圣诞节购物广告，由于中产阶级财力的不断增加，这类广告越来越多。诱人的橱窗陈列打开了购物者的钱包

维多利亚时代的人们首次开发利用了圣诞节的商机。马克·康奈利（Mark Connelly）讲述人们是如何将这一充满祝福的节日变成一场消费狂欢的。

19 世纪上半叶的圣诞购物通常仅限于食物。此图画的是 1850 年圣诞节时的一个杂货店

　　如今，神职人员和普通民众都经常说，圣诞节只不过是一种消费主义的狂欢，圣诞节的信息已经被淹没在近乎奢靡的礼物购买和消费的狂热中了。然而，这种抱怨并不新鲜。事实上，它可以追溯到 19 世纪的后 25 年，当时很多人都相信，在狄更斯精神的影响下，圣诞节会更家常、更具道德感、更加与人们的心灵相关。

　　关于圣诞节的另一个被反复提及的说法是圣诞节是由维多利亚时代的人发明的，尤其和查尔斯·狄更斯有极大的关系。毫无疑问，维多利亚时代的人们，一定程度上受到狄更斯的启发，被圣诞节的庆祝活动所吸引，但他们并没有发明圣诞节。他们只是使圣诞节重新焕发活力，并将英国各地的许多圣诞习俗结合在一起，以一种前所未有的方式投入这个节日之中。

　　作为一个主要由制造商、实业家和店主组成的国家，维多利亚时代的人们很快就意识到，强调慷慨和好客的圣诞节可以大力开发其商业价值。随着 19 世纪 70 年代百货商店文化在英国的发展，每年 11 月底都会出现一种情感与购物的融合，不久之后，就有人开始抱怨了。

## 狄更斯式的快乐

　　购买圣诞礼物并不完全是 19 世纪末期才发展起来的现象。在 19 世纪 70 年代末到

80 年代初，人们会为圣诞节额外购买一些东西，但这些购物主要集中在具有异国情调和比较特殊的食物上。送礼固然重要，但一般情况下送礼的比例相对较低。在《圣诞颂歌》（1843）中，狄更斯提到给孩子们买玩具作为礼物，但和 19 世纪早期的圣诞购物——烹饪乐趣相比较，玩具只是次要的：

卖家禽的店铺仍然半开着门，卖水果的店里依旧琳琅满目。装满栗子的大篮子圆滚滚的……还有红棕脸皮、腰围粗壮的洋葱……梨子和苹果……一串串的葡萄……一堆堆棕色榛果……还有矮胖深红的诺福克苹果……杂货店！噢，杂货店！……有茶和咖啡的气味混在一起芬芳无比，还有种类又多又少见的葡萄干，杏仁极白，肉桂条既长且直，其他香料也十分可口，融化的糖浆或凝结成块或点滴散布在蜜饯上……而且还有柔软多汁的无花果，摆在高级包装盒内红艳艳如害羞般的法国李子，甜中隐约带酸，每一样放在圣诞节包装里的东西看起来都很好吃……顾客全都非常匆忙又急切，满怀希望。（本段落译文采用邓嘉宛所译的《圣诞颂歌》。——译者注）

食品供应显然是非常重要的，远比浏览礼物的想法更重要，也比得意地挑选不同设计的圣诞卡更重要。

但随着百货商店数量的增加和日益壮大的中产阶级不断增加的财富，越来越多的百货商店成为消费主义的象征，圣诞购物狂潮也随之兴起。到 20 世纪末，随着购物季的到来，庆祝活动也随之开始——不早不晚。基督降临节、平安夜、圣诞节的第一个晚上、第十二夜，这些日子都是宗教的重要标志和时间节点，却被大众消费主义的发展推到了一边。由于零售商渴望实现利润最大化，圣诞节的号角被越来越早地吹响。

1878 年出版的《圣诞说书人》（*Christmas Story-Teller*）一书中的一个故事表明，流行文化把商店当作了日历："圣诞节即将来临时到处都有迹可循。杂货店、肉铺和高档商场都在宣传圣诞节即将来临。"

根据 1881 年 12 月的《女士画报》所刊载，圣诞节通过商店的改造而显现出来："几乎每个橱窗里都放着圣诞卡，玩具商们释放着他们的魅力，布店的商品和女帽商散发着不可抗拒的诱惑，在文具店的陈列柜里，从四面八方经过的人都能看到那些琳琅满目的可爱的小东西正向外窥视着，寻求过路人的关注。"在埃姆·福斯特（EM Forster）的《霍华德庄园》（*Howard End*，1910）中，威尔科克斯太太总是说服玛格丽特·施莱格尔（Margaret Schlegel）帮她买圣诞用品："我想我们应该去哈罗德百货公司（Harrod's）或干草市场商店（Haymarket Stores）……那里

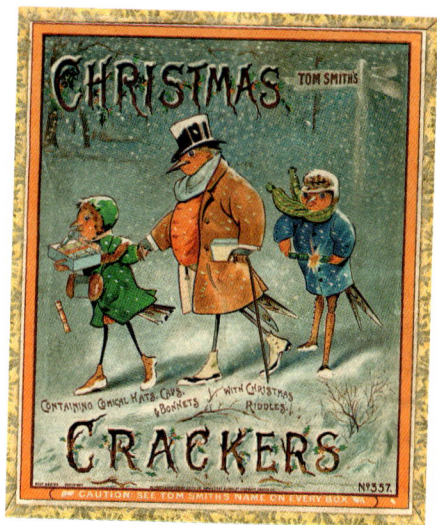

一盒圣诞饼干的盖子，上面印有帽子和谜语，约 1870 年到 1890 年

应有尽有。"

布里克斯顿蓬马歇商场的一名前员工回忆了 20 世纪 30 年代的店铺："对许多人来说，蓬马歇一直是圣诞购物的圣地，对我来说也是。银行就在蓬马歇，所以在取了一些存款之后，我就一手拿着购物清单，一手拿着购物袋开始逛商场。"

百货公司开创了一种全新的圣诞节习俗，即强迫性购物，并不断地寻求新事物来吸引消费者。1888 年，西汉姆的斯特拉福德的罗伯特在他的商店中揭开了第一个圣诞老人屋的神秘面纱，并由此开启了一个全新的圣诞节传统。到了世纪之交，所有的孩子都想坐在圣诞老人的膝盖上，所有的商店老板都想让孩子们的妈妈把他们带进自己的店里。

这种吸引人来消费的传统激发了另一种新的艺术形式——日益复杂的装饰橱窗艺术。到 19 世纪 80 年代，大百货公司都投入了巨大的人力物力，以使他们竞争对手的圣诞陈列相形见绌。斯隆广场的彼得·琼斯百货公司力求其圣诞橱窗展示"给人一种深思熟虑、提前精心设计的印象"。

戈登·塞尔弗里奇（Gordon Selfridge）是圣诞橱窗艺术的伟大代言人之一。他在芝加哥马歇尔菲尔德的学徒生涯使他对艺术陈列设计具有敏锐的眼光。事实上，正是塞尔弗里奇创造了"离圣诞节只有 X 个购物日了"这一广告语。

## 橱窗展示

据《泰晤士报》报道，1923 年是圣诞橱窗装饰艺术的一个经典年份："今年圣诞节，各处商店的橱窗在设置和陈列方面都比往年有了很大进步。上周，商店关门很久之后，仍有成群的人似乎在'参观'大型购物中心，这些购物中心的橱窗一直亮到晚上 10 点左右。"

1924 年 11 月，德雷珀公司拜访了船舶配件的设计者和建设者，帕森斯和斯托克纽因顿的儿子。他们正忙着为圣诞集市制作最新的作品，一个巨大的中世纪伦敦模型，这个模型将会讲述迪克·惠廷顿的故事。

委托制作的商店不仅上演了一个英国历史哑剧，而且还为传奇故事增色不少。孩子们将通过一个仿制 15 世纪奥尔德斯盖特原貌的完美比例模型进入大门，大门的另一边是市长大人的马车，它会载着十几个孩子爬上一个大约 30 米的大坡。此时，圣诞老人正在那里迎接他们，然后他们经过一系列"现实的场景，依次描绘了城市全景，展示了圣保罗大教堂和鲍教堂，远处钟声隆隆；伦敦的码头，还有他们古老的船只；国王和王后在宫殿里；伦敦市长进行演讲；最后是市政厅的宴会"。

毫无疑问，这样的展示取得了预期的效果。大量的人群涌向华丽的橱窗，成为英国圣诞节的一部分，就像饼干、李子和布丁一样。正如 1898 年 12 月《展望》（The Outlook）所指出的那样，在 19 世纪末，圣诞购物无异于把自己卷入"潜在买家的旋涡"。这个旋涡被描述成如下这样：

1905 年，圣诞节橱窗购物。多亏维多利亚时代，到 20 世纪初，
圣诞节与消费主义已经不可避免地联系在一起

以斯旺和埃德加百货商场今天早上的情况举例，楼梯上的喧嚣声简直震耳欲聋，"观光客"络绎不绝。我离开埃文百货商场，一路折回，一直走到牛津广场。彼得·鲁宾逊百货商场的橱窗如此迷人，走进去似乎有些可惜……我在马歇尔和斯涅尔格罗夫百货商场的橱窗前站了一会儿，我那颗女性化的心开始渴望那玻璃窗后的美丽。

圣诞节时，商店橱窗的吸引力如此之大，以至于有时人群的拥挤达到了危险的程度。1909 年圣诞节期间，警察不得不去找斯旺和埃德加百货公司，因为大莫尔伯勒街和摄政街拐角的橱窗前站着的人把道路完全阻塞了，一度使交通陷入瘫痪。

到 20 世纪 30 年代，大零售商已经成功地给人们灌输了一种期待的氛围。每个人都渴望知道设计师们又设计了怎样的橱窗——于是一种自我延续的现象就产生了。事实上，这种狂热是如此强烈，以至于顾客们被要求要考虑店员的压力。在 1898 年的圣诞节，德雷铂百货公司敦促所有的购物者尽早购买，以使店员们能轻松些。1913 年 12 月，协会主席在给《泰晤士报》的信中说："几周内，圣诞节就要到了，那些一心想买圣诞礼物的人可以在很大程度上减轻这种压力——尽可能早地购买，在一天的早些时候和月初时候就去购买。"

## 皇室一马当先

大人物们为这场战役增添了力量。1923 年，《泰晤士报》指出：

女王和玛丽公主、拉塞尔子爵已经完成了相当大一部分的购物。几个星期前，他们开始购买玩具（这两人每年都要大量采购玩具），上周女王已经做了大宗采购，从而为伦敦的其他人树立了一个好榜样。

但这种悄然蔓延的商业主义愈演愈烈。并不是没有批评者，乔治和威登·格罗斯密在《波特先生和他的无名小卒日记》（1892）中对这种商业主义进行了精彩的讽刺。

圣诞节时，波特先生不得不买很多卡片，因为他需要"外出参加社交活动，并结交更多的朋友"。他去了斯特兰德街的斯莫克森商店，这里名义上是一家服装店，但"今年店里的东西都卖完了，整个店里都在卖圣诞贺卡"。但是圣诞贺卡制造业已经有了一种粗制滥造的态度，这一点，挑剔的波特马上就发现了。

"我不得不比原计划好的买更多的东西，付更多的钱。不幸的是，我没有一一检查。回到家后，我发现了一张粗俗的卡片，上面是一个肥胖的护士带着两个婴儿的照片，一个黑一个白，上面写着：'我们祝爸爸圣诞快乐。'我把卡片撕掉，扔了。"他同样讨厌儿子在每张卡片的角上涂写更高的价格，这样人们就会认为他花了更多的钱。

爱德华·摩根·福斯特在 1910 年首次出版的《霍华德庄园》中探讨了这个新的充斥着商业氛围的英国和圣诞节之间的联系。对他来说，在伦敦百货商店开展的过度商业活动中，几乎不可能接近圣诞节的真谛，尤其是英国圣诞节的真谛。他注意到小说中的玛格丽特"感受到了无形之物对可见之物的奇异冲击，看到了伯利恒一个被遗忘的马槽里源源不断地涌出硬币和玩具。庸俗盛行"。

在温雅德·布朗1950年的剧本《冬青与常春藤》中，牧师马丁·格雷戈里哀叹，多年来，圣诞节的真正意义已完全消失。"啤酒酿造商和零售商都掌握了这一点。大家都在吃吃喝喝、互赠一些小玩意儿。"这是对这个节日的亵渎，许多人都这样认为。

第二次世界大战以及20世纪40年代末和50年代初的经济紧缩，使圣诞节的过度商业化踩下了刹车，但肯定没有使它完全停止。然后，随着20世纪50年代配给制度的放松，英国人进入了一个"从未有过的好时期"——正如英国首相哈罗德·麦克米伦（Harold Macmillan）所说的那样，消费狂潮又开始了。

电视的出现以及广告公司为他们的客户制作特别圣诞电视广告的速度给了这一趋势更大的推动力。到20世纪70年代，大多数英国人都知道，英国独立电视台在圣诞节播出的节目主要是在其他时间很少看到的礼品广告。

当然了，如今，似乎夏天的太阳刚落山，另一个季节性的购物狂欢就已经开始了——这证实了戈登·塞尔弗里奇、J.P. 罗伯特（J.P.Robert）和其他所有那些过去圣诞节购物狂欢的先驱们的精神依然存在，而且在今天依然保存得很好。

本文作者马克·康奈利（Mark Connelly）是肯特大学英国现代史教授。
Mark Connelly is professor of modern British history at the University of Kent

## 发现更多

### 图书

▶《圣诞节：一部社会史》，马克·康纳利著（陶里斯出版公司，2012）

▶《埃比尼泽·斯克鲁奇的生平和时代》，保罗·戴维斯著（耶鲁大学出版社，1990）

▶《现代圣诞节的由来》，J.W.戈尔比和A.W.普渡著（萨顿出版社，2000）

### BOOKS

▶ *Christmas: A Social History* by Mark Connelly（IB Tauris，2012）

▶ *The Lives and Times of Ebenezer Scrooge* by Paul Davis（Yale University Press，1990）

▶ *The Making of the Modern Christmas* by JM Golby，AW Purdue（Sutton，2000）

《圣诞颂歌》中的两位明星，鲍勃·克拉特基特和儿子小蒂姆

# 狄更斯和圣诞节

### 这位作家的小说使人们对圣诞节的热情更加高涨

查尔斯·狄更斯（Charles Dickens）对英国文化产生了巨大的影响，最明显的是他与圣诞节的联系。1843 年出版的《圣诞颂歌》一问世，即引起了公众的轰动，并迅速产生了一系列的"盗版"，迫使狄更斯采取一系列法律行动来保护他的作品。即使像加尔文主义历史学家和哲学家托马斯·卡莱尔（Thomas Carlyle）这样沉闷的人物，也因为受到狄更斯故事的启发而举办了圣诞晚宴。根据这本书改编的早期电影迅速流行起来，到 1914 年，这部电影至少已经有了 9 个不同的版本。

圣诞节与狄更斯的联系始于他有生之年，并在他去世后进一步增加。"可以说，狄更斯就等同于圣诞节？"学者阿勒·曼迪在 1921 年说道。无疑狄更斯对圣诞节来说是重要的，但圣诞节并不是狄更斯创造的。相反，他反映了 19 世纪早期人们对这一节日的普遍兴趣，是民众希望重振古老习俗的缩影，尤其是对中产阶级来说。

当时狄更斯撰写这部如今已是世界闻名的故事的时候，他可以查阅相当多的关于圣诞节的历史，如蒂克·赫维的《圣诞书》（1836）和他的《圣诞节、新年及其特殊习俗的历史》（1843），以及托马斯·赖特的《古老颂歌的样本》（1841）。狄更斯与英国文化发展非常合拍，因此在恰当的时候发表了他的小说。他是正在进行中的复兴运动中的一个重要参与者，但他不是唯一的推动者。

圣诞商店模型。像图中的这家微缩肉店玩具，反映了维多利亚时代商店橱窗的陈列

## 圣诞购物

**每家百货商店都充满了诱人的节日气氛**

在贝斯沃特的怀特利百货公司或格拉斯哥理工学院这样的维多利亚时代的大百货商店里，圣诞节是一个真正令人惊叹的景象。

商店经理们对他们圣诞节的商品展示感到非常自豪。巨大的圣诞树通常占据着主门厅，上面挂着铃铛、蜡烛和旗帜。大不列颠国旗和大英帝国国旗的盛行，表明圣诞节与爱国主义密切相关——这进一步反映在圣诞节库存的产品上。玩具部门堆满了兵人、玩具军舰和军装。1888年，伦敦的肖尔布雷德商店展示了"埃及骆驼队，类似于沃尔斯利在苏丹使用的那种"，而在城市的另一边，巴克公司则专门生产"配有武器和盔甲的"男孩军装。女孩们则得到了各种各样的玩偶屋，以及包括婴儿车在内的玩具配件。

帝国的扩张也意味着诸如枣和无花果等具有异国情调的奢侈食品与波特酒和马德拉葡萄酒一起被大量储备，所有这些都迎合了英国人对甜食的喜好。维多利亚时代的人们痴迷于创新，喜欢购买最新的小玩意儿，包括开瓶器、小刀和便携式美容套装。由于店员的人工成本相对较低，商店雇用了大量的店员，以确保顾客在购物过程中享受全程服务，最终花光身上的钱。

# 机遇时代

托马斯·阿洛姆1835年的画作展示了泰恩河上的利明顿钢铁厂的工作场景。工业场地直接为劳工营提供了工作，但也间接地通过其对建筑、燃料和原材料的需求提供了其他的工作岗位。快速增长的劳动力需要住房、食品、家具和服装——这就创造了更多的就业机会

在英国工业革命的故事中，工人阶级常常是受害者。但是，正如艾玛·格里芬（Emma Griffin）解释的那样，看一看19世纪工人们自己的叙述，我们会看到一幅更为复杂的画面。

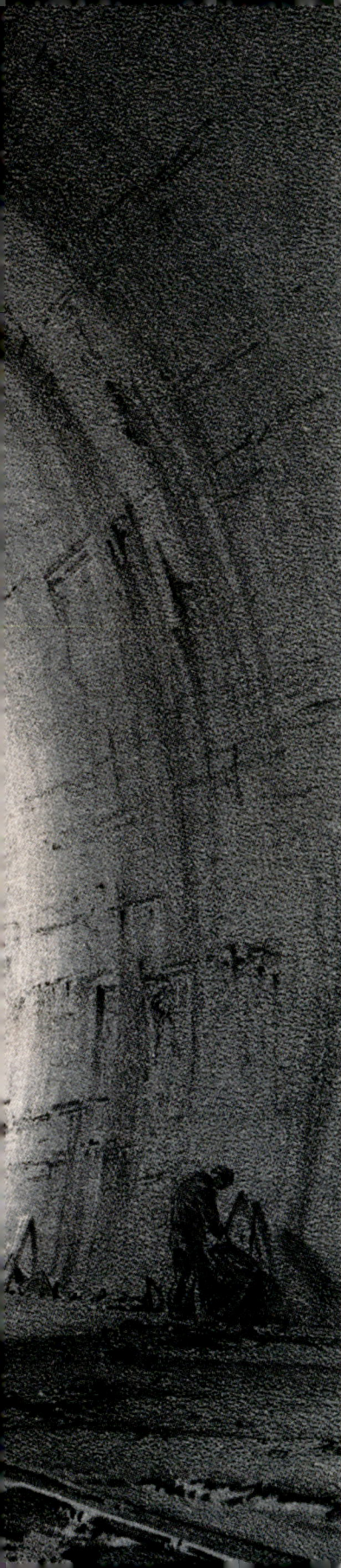

约翰·库克·伯恩（John Cooke Bourne）1837年的画作《基尔斯比隧道工作井》展示了伦敦和伯明翰铁路的建设场景。这条铁路建成耗时近5年，雇用了2万名工人

　　英国工业革命是人类历史上的一个关键时刻。但是，当我们想到那些凭借强壮的臂膀和灵巧的双手，为之付出了极大努力的男人、女人和孩子们时，我们往往又会觉得，值得庆祝的事情并没有那么多。

　　所有维多利亚时代的伟大评论家——恩格斯、狄更斯、布莱克——都用非常灰暗的色调描绘了那个工业时代，他们哀叹新的工作模式的引入，迫使人们在无情的机械节奏下工作；被迫进入工厂和下矿的儿童年龄越来越小；一家人挤在黑暗、疾病肆虐的城市；没有未来，只有济贫院。

　　20世纪，随着一批社会历史先驱——芭芭拉和约翰·哈蒙德（Barbara and John Hammond）、埃里克·霍布斯鲍姆（Eric Hobsbawm）和 E.P. 汤普森（E.P. Thompson）——将他们的注意力转向工业革命对贫穷工人的毁灭性影响，他们悲观的论断回荡了整个20世纪。

## 工人的叙述

　　然而，尽管这些悲观观点的各种版本被反复讲述，但他们的核心主张——这一时期比以往任何时期都糟糕——并没有受到应有的审视。尤其值得注意的是，很少有人做出努力去倾听劳动人民自己对他们的生活和时代的看法。

　　当然，人们通常会反驳说，这样的努力是徒劳的，因为这些人并没有留下太多书面资料。

　　但是，虽然关于他们的记载确实少于那些比他们社会地位高的人，但这并不是说他们什么也没有留下。他们留下的遗产是一本本鲜为人知但却引人注目的劳动人民自传集。如果我们听这些故事，我们会听到一个与我们习惯的故事截然不同的版本。

　　历史学家早就意识到这种回忆录的存在，但大多数人对能利用它们来研究当时工人阶级生活持怀疑态度。毕竟，那是一段文盲率相对较高的时期，所以有能力记录自己的个人经历的劳动者是十分罕见的（关于这一点也曾引起争论）。

　　然而，这种观点认为，工人阶级的文化程度可能与想象的并不相同。在 19 世纪，儿童和成人都可以通过一系列非常廉价的途径来学习——女子学校、教会学校、夜校和互助进步社团，因此，即使是非常贫穷的人也可以写回忆录。

　　当时写自传的人中就有约翰·海明威（John Hemingway）这样的男人。他 8 岁时被送到曼彻斯特的一家棉纺厂工作，在父亲抛弃家庭后，母亲在贫困中抚养他长大。成年后，他从事过各种职业——织布、开商店、赶车、参军——但一直未能跨越他出生时的地位。年老时，他和妻子被迫卖掉家具和结婚戒指，搬到一个简陋的地下室，

德比的约瑟夫·莱特（Joseph Wright）的《铁炉》（*An Iron Forge*）（1772）中展示了这些铁匠在农业地区艰难的谋生场景。然而，像其他技术工人一样，他们在新的工业工厂找到了工作机会

靠教区的一份微薄的救济金生活。所以，虽然个别自传作家在某种程度上是与众不同的，但事实上大部分只是底层工人。

当然，直接引用这样的传记内容并非没有问题。这其中一个主要的欠缺是女性自传的匮乏。此外，这些作家也被模糊的记忆所困扰，不可避免地产生了对自己生活的主观描述。

但近 400 本完成于工业化时期的

这里是博尔顿的一个煤矿，妇女和儿童也在工厂和煤矿找到了工作，但儿童的待遇堪忧，甚至还要忍受长时间的连续工作

自传为人们提供了丰富的、迄今都尚未完全开发的证据，我们不能忽视这些证据。此外，与那些对普通工人的生活感兴趣的历史学家所查阅的其他资料——贫民法、人口普查、刑事法庭——不同的是，这些记录是由我们想要研究的那一时代的男人和女人自由创作的。从这个意义上说，它们是独一无二的，也是研究工人阶级在英国工业革命中的经验的绝佳资源。

那么，这些个人经历只是告诉我们工业化的到来如何改变了工人的生活吗？比这一点更重要的是，这些自传作者指出，工业化以及随之而来的城市发展创造了大量的工作机会。

前工业地区的人们关于农村和工业区为背景的描述表明，在没有工业化的情况下，大多数工人没有就业机会，因此，长期生活在贫困的状态中。

农业工人的低工资和零零散散的就业意味着，在工业化前的英国，即使是技术熟练的工匠——鞋匠、铁匠、木匠，等等——也很少能从他们所从事的工作中获得良好的生活，因为他们的邻居很少有能力支付他们的服务费用。结果，许多熟练工人转向农业，试图维持收支平衡——由此产生的以土地为生的人数不断增长，只能确保生活保持在较低水平。随着工业化的出现，这种情况发生了较大的变化。工业革命增加了就业机会——无论是技术熟练的还是不熟练的，年轻人还是老年人。随着制造业的发展，年轻的男人和女人从农村涌入城市，在新型工厂工作。

## 充分就业

但在工厂里工作只是个开始。机器需要煤来运转，这对采矿业是一个重要的刺激。工厂需要工人，但也要建造工厂、维护机器、组织仓储——这一切为涌向城市的人们提供了大量的就业机会。

由于工厂和其他工业场所的繁荣，城市建筑变得更加壮观，正如这张谢菲尔德城堡磨坊的插图所示

一位自传作者指出，商品不仅需要被称量，还需要被制造，他找到了做上述内容的一份工作。其他人以运输原材料和成品为生——赶马、赶车、修建铁路、驾驶火车。创造了大量的工作的同时也要满足大量人口需要：不断增长的城市人口需要房屋、家具、面包、鞋子和衣服。这种对生活必需品的需求为技术工人提供了大量的工作——更重要的是，与农村穷人不同，城市劳动力有足够的钱支付他们报酬。工厂旺盛的劳动力需求意味着许多工人现在全年都有大量的就业机会，这帮助家庭摆脱了农业工人所忍受的极度贫困。

充分就业是一个家庭更加繁荣的最重要的方式，它的意义很重大，因为它改变了工作关系中的权力平衡。只要工人数量多于工作岗位，雇主就占了上风。然而，在工业

中心地带，对工人的旺盛需求是很难满足的，这使工人们在工作时间和工资等问题上处于较有利的地位。

在这些自传作者中，有一些人因为关于茶歇时间长短或他们参与教堂活动的争议而提出了质疑。一名员工给出了辞职的理由：他"厌倦了这份工作"。这种行为在农村是不可想象的，它有助于提醒我们，充分就业不仅提高了男性的收入，而且提高了他们的工作条件和社会地位。

然而，尽管成年男性通常会从工业化中获益，但我们不应该假设这些优势也被他们的其他家庭成员共同享有。对劳动力的需求，尤其是在工厂和矿山，意味着儿童也有更多的工作机会，这导致的不幸结果是，工业区的儿童在很小的年龄就被迫挤进了劳动力市场，而且这种趋势越来越明显。

据统计，生活在农村和小镇的儿童通常要到11岁半左右开始工作。这与工业区形成了鲜明的对比：工业区的儿童平均开始工作的年龄只有8岁半左右，比农业区的同龄人要小3岁。

此外，与农村地区的年轻工人（农村地区的年轻工人的农业工作通常是季节性的，工作时间受到季节和日照时间的限制）相比，工厂和矿山的儿童进入了完全就业的世界，他们日复一日、年复一年地工作很长时间。

因此，在某些方面，有证据表明，儿童的情况反映了成年男子的情况：工业的增长大大改善了他们找到全职工作的可能性。但这提高了男性的生活水平，却对儿童产生了相反的影响。

从六七岁开始每天工作13个小时，对儿童的健康发展造成了非常严重的损害，他们的整体福利更是非常值得怀疑。

## 母亲的毁灭

对妇女来说，工业增长的结果也是不同的。虽然它增加了男性和儿童找到全职工作的可能性，通常工资比从事相关农业工作工资更高，但它对女性的工作经验影响相对较小。

诚然，生活在工业中心地带的妇女受益于工厂的发展。但是，一旦她们结了婚，有了家庭，很少有人能在工厂里保住职位，大多数人干脆退出工作岗位。贝蒂·利明

（Betty Leeming）是兰开夏郡普雷斯顿镇的一名磨坊工人，她的经历是一个非常有代表性的例子。与本杰明·肖结婚之后，她向工厂递交了辞呈。虽然在婚后，她也曾尝试过在家挣钱——她卷绕纱线、烤燕麦饼卖给邻居——但她再也没有回到工厂。

自传也显示，家庭责任是女性放弃有薪酬的工作岗位的主要原因。事实上，未婚妇女和没有孩子的妇女几乎都在外面工作。

在只有一两个孩子的家庭中，70%~80% 的母亲都在继续工作。然而，随着家庭规模的扩大，妇女能够找到工作的机会迅速减少。在有三四个孩子的家庭中，女性工作参与率徘徊在 50% 左右，随着家庭规模的扩大，这一数字不断下降。几乎没有一个有八九个孩子的妇女还在从事有偿工作。在缺乏可靠的托儿服务、也缺乏有效的限制家庭规模扩大的规章的情况下，母亲们别无选择，只能待在家里照顾家人——这种情况几乎没有因工业革命而发生任何改变。

工作机会增加的最明显后果是家庭收入增加，对于那些生活在贫困线附近的人来说，这是一个非常受欢迎的变化。但这些变化不仅仅是物质方面的。工业化的一个受到广泛认可的特征是大城市的发展。历史学家注意到这样一个事实，即这些城市可能是黑暗、拥挤和不健康的，但城市也往往是更自由、拥有更多选择的地方。

在城市里，人们可以上夜校，也可以去任何一个教堂做礼拜。人们可以加入一个联盟，甚至是一个政治协会，并开始参与塑造自己所生活的社会。那些投身于城市生活的人并不把自己看作受害者。威廉·艾特肯（William Aitken）将他的曼彻斯特宪章主义者称为"自由之子"，他的观点被许多其他自传作家所认同，即城市生活是解放的，而不是压迫的。

显然，工业革命的结果喜忧参半。健康的成年男子获益最多，享有更多的工作机会、更高的工资以及更多的文化和政治表达的机会。妇女几乎完全被这些发展所忽略，尽管儿童受到对劳动力巨大需求的影响，但对他们来说，这些发展的结果并无益处。

尽管如此，有一点是明确的：我们最好摒弃对这个时代的那些更黑暗的解释。工业革命带来了革命性的社会变革，劳动人民当然也从中分享了利益。

本文作者艾玛·格里芬是东安格利亚大学英国现代史教授。

Emma Griffin is professor of modern British history at the University of East Anglia.She has written widely on the history of working-class life in Britain

**发现更多**

**图书**
►《自由的黎明：工业革命的人民历史》，艾玛·格里芬著（耶鲁大学出版社，2014）

►《托马斯·库珀的一生》，托马斯·库珀著，约翰·萨维尔导读（莱斯特大学出版社，1971）

**BOOKS**
► *Liberty's Dawn：A People's History of the Industrial Revolution* by Emma Griffin（Yale University Press，2014）
► *The Life of Thomas Cooper* by Thomas Cooper, introduction by John Saville（1872；Leicester University Press，1971）

## 听听他们的自述

　　历史学家早就知道工人阶级自传的存在。20 世纪 80 年代汇编的一份 19 世纪回忆录参考书目列出了近 800 个条目，此后还有更多条目被曝光。它们被冠以各种各样的名称：生活史、自传、回忆录、笔记、素描、日记和冒险，还有许多其他更奇特的名字。然而，每一种书名的定义特征都是作者与主题的统一。

　　这些作品就是我们今天所熟知的自传，但值得注意的是，"自传"这个词是在 18 世纪末19 世纪初才进入英语的，在生活写作的文化已经扎根很久之后。

　　其中一些书很有名，比如宪章派领袖威廉·洛维特、托马斯·库珀和罗伯特·洛厄里的伟大自传。少数人在自己的时代取得了成功。例如，詹姆斯·道森·伯恩（James Dawson Burn）的自传（其中一些版本名为《乞丐男孩》）于 1855 年首次出版；到 19 世纪 50 年代末，已经出版了第四版。其他的则由不知名的地方印刷厂少量出版，更多的是为了满足作者的需求，而不是为了满足公众的阅读需求。

　　一些最有趣的作品根本就不是为了出版而写的。一个这方面的例子是约翰·林肯写的《简单的故事》，现在保存在诺福克档案室的地下室里。林肯的 80 页笔记本支离破碎，淋漓尽致地表现出它出自一个自学成才的作家之手。这些题字紧密、没留空白的书页提醒着我们，林肯生活在纸是一种珍贵商品的时代。书中对他的生活进行了详细的描述，从最早的童年回忆一直到写作之时，涉及的话题包括婚前性行为、私生女、不幸的婚姻以及作者幼子的夭折，等等。

在一家棉纺厂的动力织机上织布，绘于 1830 年

# 罢工之火

1888年拍摄的火柴女工联盟委员会成员合影。后排站立右3是安妮·贝桑特

1888年，恶劣的工作条件引发了布莱恩特公司和梅工厂女工的反抗。路易丝·罗怀尔斯是伦敦东区的妇女，她与一个无情的企业联盟斗争，改变了英国劳工历史的进程。

妇女们赢得了这场争论，
并继续组成了这个国家
最大的妇女和女童联盟。

1888 年夏天，1400 名工人，其中大部分是年轻的妇女和女孩，走出了伦敦东区的一家火柴厂，这些工人被永远地载入史册。在她们罢工之前，布莱恩特公司和梅工厂的女工们被斥为"一群粗鲁"和"社会最底层"。然而，在这场争论期间，议会提出了质问，《泰晤士报》也发表了轰动性的社论：仅仅持有该公司的股份，就有损于杰出政客和牧师的声誉了。这些女工甚至还获得了一个可疑的荣誉：收到了来自"开膛手杰克"（或自称是他的人）的恐吓信。

时至今日，"火柴女工"仍在公众的想象中发挥着强大的影响力——20 世纪 60 年代描写她们的戏剧和音乐剧仍在上演。这些女性无疑是伦敦东区街道上色彩缤纷、充满活力的代表。历史记录告诉我们，即使不在她的工作环境中，这些火柴女工也可以通过"她走路的自由，她爽朗的笑声和她朋友的数量"，以及她们喜欢的鲜艳的衣服，饰以流苏的发型和高跟鞋来轻松地辨认出来。外表是很重要的——女人们付钱给"羽毛俱乐部"，购买并分享她能找到的最大的帽子，帽子上装饰着最大的羽毛。

即使没人看见她们，也能听到她们的声音——在伦敦东区的许多夜晚，都回荡着"咚咚咚"的声音，还有晚上出去的时候，火柴女工们总会在老肯特路"被撞倒"。"她们似乎熟记得当时所有流行歌曲的歌词。"一个地方官员感叹道。

然而，1888 年 6 月，一篇极具煽动性的文章揭露了这些女性工作生活的枯燥与沉闷。这篇文章的作者是一位伦敦东区的女性，她属于与火柴女工们完全不同的阶层，但却同样"声名在外"。

文章作者安妮·贝桑特的一生充满对未知的探索，包括她是一位虔诚的基督教徒，她与牧师的婚姻以及之后她信仰的丧失。这些探索还包括与著名的——如果不是臭名昭著的——人的关系，比如声名狼藉的无神论者下院议员查尔斯·布拉劳夫和乔治·萧伯纳。贝桑特在印度结束了她作为一个新宗教的实际领袖和受人尊敬的人物的生活，她的尸体在火葬堆上被焚烧。

1877 年，她因参与一项向东区贫困妇女传授避孕方法的活动而被判"猥亵诽谤罪"。她侥幸逃过了牢狱之灾，于是媒体为此大开玩笑——一个年轻迷人的女人，一个牧师的分居妻子，居然因猥亵罪被审判。

在 19 世纪 80 年代，贝桑特在与萧伯纳会面后成了一名社会主义者，并加入了费边社——萧伯纳是该协会的主要成员。1888 年 6 月，在一次费边社的会议上，她第一次听说了布莱恩特公司和梅工厂的情况，并决定进行调查。她在工厂外采访了一些妇女，并在政治报纸《链接》（The Link）上发表了她的观点，标题是"伦敦的白人奴隶制度"。

## 营养不良的工人

此时，由创始人威廉·布莱恩特（William Bryant）的儿子们控制的这家公司，在国内和出口市场都很有影响力，是一个家喻户晓的企业。作为一个企业联盟组织，它把工资压低到比 1888 年的 10 年前还要低。贝桑特在工人们身上发现了这样的事实：那些最年轻的工人，因为在身体发育时营养不良，身材矮小虚弱。

一个 16 岁的孩子每周挣 4 先令，除去房租，她每顿饭只能吃面包。她生命中"唯一的一点色彩"来自于一个非常罕见的、偶尔才发生的场合——有人在迈尔安德的帕拉贡音乐厅请客。

当她们加工的火柴不小心着火时，布莱恩特公司和梅工厂会对她们处以极重的罚款。在其他情况下也会动辄罚款，比如她们的脚脏了，甚至只是因为她们相互交谈。一个女孩因为改变机器运转方式以免割伤她的手而被罚款，并被告知要照看好机器，"别管你的手指了"。她的同事随后被同一台机器切掉了手指，无法工作，且没有得到任何补偿，身无分文。

女人们最害怕的是"烂下巴"，又叫"磷颌骨"，这是火柴行业常见的一种可怕的行业疾病。即使摄入少量白磷也会导致呕吐。全面中毒的后果是可怕的：首先是牙痛和脸部肿胀，这种疾病会腐蚀下颌，迫使豌豆大小的骨头从牙龈的"腐烂脓肿"中挤出来，里面充满了难闻的脓汁，甚至连亲人都无法忍受这种气味。可能还会导致毁容和痛苦的死亡。布莱恩特公司和梅工厂对此唯一的预防措施只是解雇任何脸部肿胀的人，或者强迫女性拔掉所有的牙齿。据说，一名怀孕的火柴女工拒绝这么做，因为她担心拔牙休克导致流产，因此就被解雇了。贝桑特总结道，总的来说，"私人奴隶"的境况都要比不幸的火柴女工要好得多。《火柴女工大罢工》发表于 1888 年 6 月 23 日，人们普遍认为贝桑特是幕后推动者，这也许并不奇怪。以至于，100 多年来，她一直被认为是这次罢工的领导人。

妇女们赢得了这场罢工，并继续组成了全国最大的妇女工会，这是非常了不起的，因为她们的雇主拥有强大的权力，而且得考虑到当时许多工会不让妇女加入——

英国工会联合会的亨利·布罗德赫斯特并不是唯一一个敦促妇女回归"她们应有的领域——家庭"的人。

同样值得注意的是，罢工对更多的工人产生了积极的影响。罢工胜利之后，一波罢工浪潮席卷全国，其中包括 1889 年的码头工人大罢工。成千上万受剥削最严重的工人成立了新的工会，为体面的工资和工作条件而斗争，为现代劳工运动和工党播下了种子。

然而，由于中产阶级的社会党人——而不是工人自己——被认为是领导了火柴女工罢工，一些历史学家对此次事件不屑一顾，仅视为历史上的一个脚注，认为对随后发生的事情没有任何影响。这些妇女的生活，不像码头工人的领袖，也不像安妮·贝桑特——她们被认为是不值得进一步研究的。她们似乎注定要保持沉默，不能被世人铭记，无名的面孔只能停留在一张黑白照片中，永远冻结在某一时刻——直至今日。

现代研究发现了有关这次罢工的真相，毫无疑问地证明了火柴女工们自己才是这次罢工的真正的领导者，而且她们的行为改变了英国劳工历史的进程。

罢工实际上是对管理层欺凌的回应和反抗，而不是出自贝桑特的任何敦促。布莱恩特公司和梅工厂对贝桑特的文章感到愤怒，要求两名女性签署一份声明，表示她们很幸福，受到了良好的待遇。女人们拒绝了，并在寄到贝桑特家里的一封信里提醒了她："亲爱的女士，他们一直试图让可怜的女孩们证明，已经发表和印出来的一切都是谎言……我们是不会签字的。我们希望你不要因为我们而遭遇到任何麻烦，因为你所说的都是千真万确的。"

## 放下手中的工具

布莱恩特公司和梅工厂方面并没有就此打住，他们拿一个女孩开刀，理由是他们认为她曾和贝桑特说过话。这个女孩是一个"穿着黑衣的苍白小个子"，在她的工作伙伴中很受欢迎并有很大的影响力。当她被解雇后，她的同事们立即放下工具，跟随着她。大门口很快拉起了警戒线，他们选出了 6 个女人去和厂方谈判，要求恢复她们同事的工作、停止罚款、提供一间餐厅——在此之前工作的女性必须在火柴生产车间里吃饭，食物上落满大量的有毒颗粒和粉尘是造成"磷中毒"的一个重要原因。布莱恩特公司和梅工厂以解雇的威胁作为回应，但是"反抗残酷压迫的精神"已经被点燃——她们是不会退缩的。

1888 年的安妮·贝桑特。难道她在火柴女工罢工事件中只是一个小角色

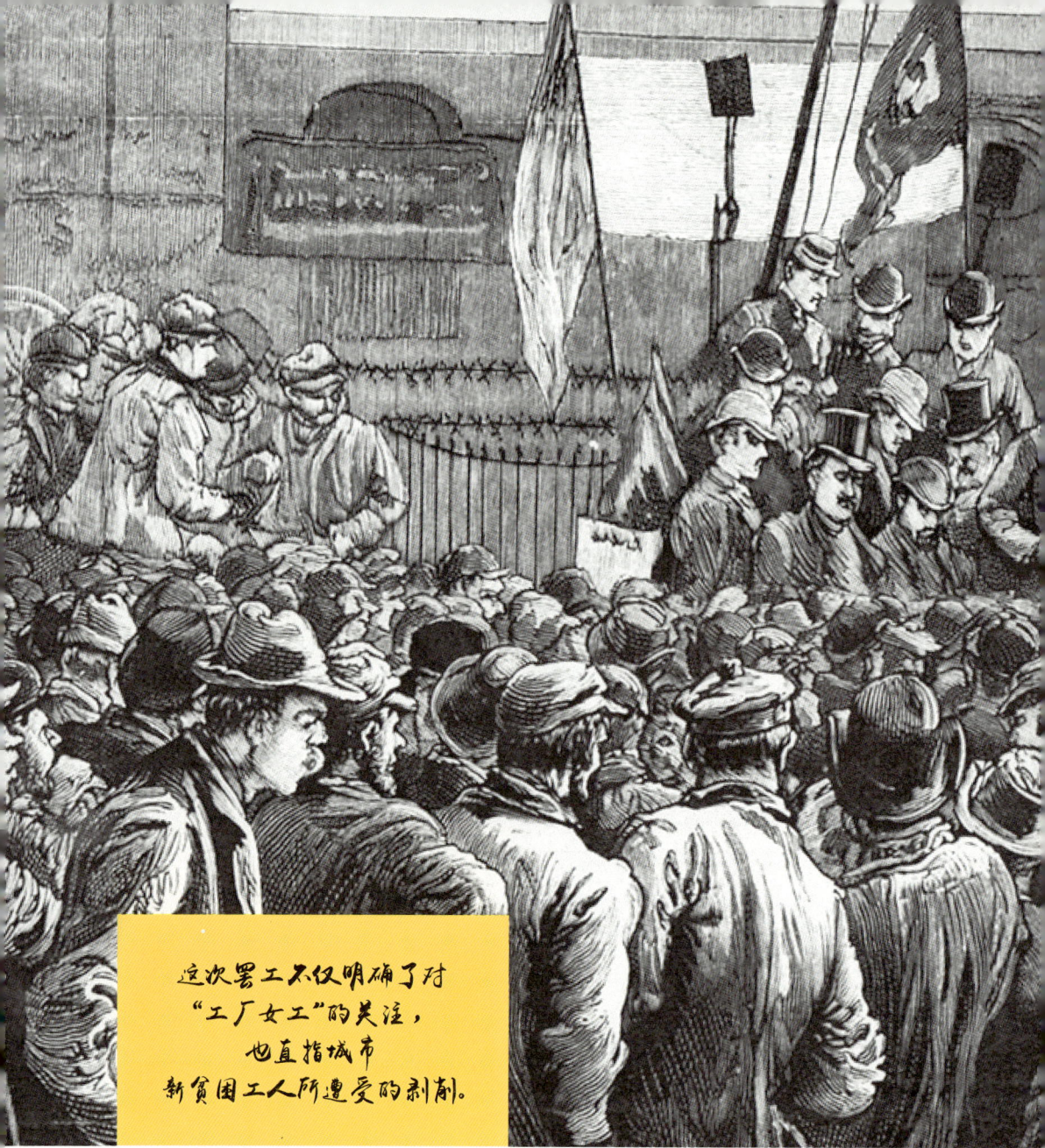

> 这次罢工不仅明确了对"工厂女工"的关注，也直指城市新贫困工人所遭受的剥削。

　　一家最初支持"绅士"雇主的当地报纸不满地指出："东伦敦的大街小巷……挤满了女孩们……她们在街上走来走去，非常愿意向每一个有同情心的人讲述她们的苦难经历。""星期二早上……一车粉色玫瑰……被送来……被罢工者们当作徽章佩戴。"到第一个星期结束时，"整个工厂都处于停滞状态"。周四和周五，1100 名员工上街游行，大量的警察不得不驻扎在附近。

　　安妮·贝桑特（Annie Besant）自己的记录显示，罢工开始 4 天后，她正在楼上的办公室工作，这时一群火柴女工来找她。她首先担心的是她们堵住了下面的人行道，但她最终同意和 3 个"体面"的火柴女工交谈——直到那时才发现她们正在罢工。贝

1889年，约翰·伯恩斯在东印度和西印度
码头向罢工的码头工人致辞

桑特并没有密切关注这次罢工事件，更不用说指挥了。她坚持声明说："关于我煽动罢工的指控……这份声明绝对是错误的，我也没有像它所说的那样，在罢工开始的那天就在工厂附近。"事实上，她认为罢工是一个错误，而且在《链接》上发表的文章中也是这么说的。

这些妇女连续几天都没有收入，但仍保持着令人欣赏的团结："姑娘们决心不惜一切代价站在一起。'我可以为你典当这个''我把那个借给你'，从各个方面都可以看到女孩们在商议如何互相帮助。"

这次罢工不仅明确了对"工厂女工"的关注，也直指城市新贫困工人所遭受的剥削，当时，社会革命似乎真的有可能发生。有人指责她们虚伪："布莱恩特公司和梅工厂是著名的自由主义者，他们……向全世界展示了他们的自由主义。不止一个股东是声称支持穷人和受压迫者的著名国会议员。当他们在伦敦东区的雇员仅靠近乎饿死的工资过活的时候，他们怎么可能拿出自己口袋里的巨额利润去满足选民呢？"

随着压力的增加，工厂的董事们不得不承认，仅仅就是这么"一群女孩"使他们变得卑微，并且不情愿地接受了她们的要求。《星报》对这场"辉煌"的胜利发表了热情洋溢的致辞，"没有准备，没有组织，没有资金……这是我们工业发展史上的一个历史性的转折点"。

在媒体对工厂女工的后代进行了广泛的搜寻之后，伊丽莎·马丁的孙辈们最终被找到并且接受了采访。虽然伊丽莎在中年时就已经去世，而且可能是在悲惨的情况下去世的，但他们还是从她的孩子、她的父亲、姊姊和叔叔那里了解到她。她的孙子吉姆·贝斯特（Jim Best）回忆说，19世纪80年代，他在当地报纸上看到了一张罢工委员会的照片："我记得我爸爸说，'那是你奶奶'。她告诉爸爸，她和她的朋友参与了这次罢工。我们对此感到自豪。"

工厂女工玛丽·德里斯科尔的孙女琼·哈里斯也被找到了。她和祖母的关系非常亲密，她回忆起祖母谈论过工厂的条件和可怕的"烂下巴"。

历史学家曾说过，火柴女工与码头工人差别太大，以至于不会对码头工人的罢工产生影响。然而，工厂女工德里斯科尔正是一个码头工人的女儿，后来又成了另一个码头工人的妻子。而伊丽莎·马丁的姐夫和侄子也都是码头工人。正如吉姆·贝斯特所言，和人口普查记录所证实的那样，火柴女工和码头工人是"同一群人"，他们来自伦敦东区的同一条街道和家庭。

记录还显示，码头工人在胜利后联系了火柴女工的工会寻求建议，而就在仅仅几

## 时间线：为工人权利而斗争

**1788年**
第一个记录在案的全女性工会是由莱斯特纺纱工组成的，人数约为18500人。

**1825年**
在1824年这些"联合法案"被废除之后，迎来了一波罢工。因此，1825年通过了《工人联合法案》，重新对工人联合实施刑事制裁。

**1837年**
宪章运动呼吁所有的男性都有投票权，但女性在这场运动中仍然很活跃，也很有影响力。

**1799—1824年**
法案规定劳动人民为了更好的工资和工作条件而"联合"在一起是非法的。

**1834年**
6名被称为"托尔普德尔殉道者"的男子因加入工会而被驱逐到澳大利亚。

**1848年**
在伦敦举行的一次大规模示威活动中，宪章主义者提出的请愿被议会否决。这一运动开始衰落。

周后，码头上就发生了一次罢工未遂事件。1889 年码头罢工一开始，著名演说家、后来成为国会议员的约翰·伯恩斯（John Burns）就敦促成千上万的人"肩并肩站在一起"。他呼吁："还记得那些赢得罢工并组成了工会的火柴女工吧！"

《星报》描述了庆祝码头工人罢工胜利的游行："码头工人上来了。接着是一大群女人……火柴女工，在码头工人之间就像一道移动的彩虹，因为她们都戴着五颜六色的巨大羽毛帽子，这就是伦敦东区姑娘白天外出时最喜欢炫耀的东西。"

1940 年，欧内斯特·贝文（Ernest Bevin）在写给幸存的码头罢工者的信中谈到了他们行动的重要性："50 年前……你是参与……一场巨大的工业罢工的人之一——实际上是一场反对贫困、暴政和无法容忍的工作条件的革命。在那几个星期里，你几乎没有想到……你正在成为一场伟大的工业运动的奠基者。"

我们现在必须承认，这段话同样适用于其他出色的令人敬佩的伦敦东区选手——那些布莱恩特公司和梅工厂的火柴女工们。

本文作者路易斯·劳博士以劳工、伦敦东区和女性历史为写作和演讲主题。她受邀参加了《你认为你是谁？》《史上最糟糕的工作》等节目。

Dr Louise Raw writes and speaks on labour, the East End and women's history.She has appeared on programmes including **Who Do You Think You Are?** and **The Worst Jobs in History**

## 发现更多

**图书**

▶《火柴女工：布莱恩特公司和梅工厂的女对手及其历史地位》，路易斯·劳著（连续体出版社，2011）

**BOOK**

▶ *Striking a Light：The Bryant and May Matchwomen and their Place in History* by Louise Raw（Continuum，2011）

**1850—1870年**
此时"新模式"工会只代表少数技术工人的利益。低收入女性被视为不受欢迎的竞争对手。

**1874年**
像妇女保护联盟（WPPL）这样的组织成立于1874年，组织通常在劳工运动之外。

**1890年**
到1890年，工薪阶层的平均预期寿命为27岁。据估计，贫困家庭的孩子有一半不到5岁就夭折了。

**1870年**
当中产阶级女性开始出现在劳工联合会代表职业女性发言时，亨利·布罗德赫斯特把她们赶走了，因为"在情感影响下进行的投票，可能会在她们足够冷静时让她们后悔"。

**1888年**
受剥削最严重的工人的罢工行动开始迫使国家"认真对待他们的处境和决心"。

## 威廉·海斯凯斯·利华（1851—1925）

他是一个商人，建立了第一批消费品商业帝国，并总是顾及他的工人们的福利——并不留心他们的喜好

威廉·海斯凯斯·利华出生于博尔顿的中产阶级家庭，他在 16 岁生日时收到一本书——塞缪尔·斯迈尔斯的《自助》，并试图在他以后的人生中严格按照这本书的指点来行事。他是一个坚定的不信奉国教的教士（公理会教徒），有强烈的社会和道德责任感，他去世时由男爵晋封为子爵。

他是一个精力充沛、独断专行的实业家，无论天气如何都睡在户外。他会对他不同意的提议说："是啊，不，我们不会争论。你是错的。"这似乎使利华成为维多利亚时代商人的化身——甚至让他听起来有点落伍的味道。但在其他方面，他却出奇地现代。

他年轻时就开始经营家庭食品杂货生意。作为美国新型销售和营销技巧的崇拜者，他总是仔细观察自己客户的品位和习惯。

他和他的弟弟詹姆斯一起开展业务，最终联合利华给全世界带来了阳光香皂、力士肥皂粉、活力家用清洁剂，等等。起初，这些产品都是从供应商那里购买的，但他们很快就采取了进一步的行动——收购这些工厂，接管其他公司或与它们建立合作关系。

他最著名的员工福利计划是建造阳光港，他在维拉尔为他的工人建造的模范住宅区，有漂亮的房子和花园，以及体育休闲设施。然而，在其背后是维多利亚时代慈善家的铁腕家长式作风，尤其是一套规定居民行

利华建造的阳光港为工人们提供住房、休闲设施和教育，只要他们遵守他严格的规定

为和强制性社区活动的规则，这些在今天是让人无法容忍的。

像维多利亚时代晚期的许多人一样，他是一个坚定的帝国主义者，相信英帝国应该扩张。当他的业务扩展到海外市场时，他还在非洲收购了棕榈油种植园，以确保自己供应链的安全。这个过程中也有虐待非洲工人的事，尤其是在刚果 [ 现在的刚果 ( 布 )]——他在那里建造的学校和医院也无法抹去这一污点。

利华是自由党人，是格莱斯顿的崇拜者，他曾多次尝试进入议会，但都失败了——但是当他成为国会议员后，他发现日常政治生活的要求太高了。尽管如此，他还是被提升为贵族，成为利华休姆男爵，这个名字的第二部分取自他青梅竹马的恋人伊丽莎白·休姆的婚前姓，他们两人于 1874 年结婚。

利华就是这样的人："我知道我花在广告上的钱有一半是浪费的，但我不知道是哪一半。"但无论如何，说起卖肥皂，没有人比他更有才华、更成功。

他的成功不是建立在发明创造或者设计、制作上，甚至不是建立在制造业上——虽然他拥有工厂。他成功的真正秘诀是为快速增长的市场需求来进行营销和宣传消费品。在这个过程中，他创立了第一批跨国公司之一——就如联合利华，它一直经营到了今天。

......................................................

撰文：尤金·伯恩
word：Eugene Byrne

海边韵事

消费能力的提高、便宜的票价、新的火车路线和享有假期的权利，让维多利亚时代的工人阶级得以在海滨度假

维多利亚时代的英国人开创了成千上万的人前往海边度假的先例。约翰·K.沃尔顿（John K.Walton）揭示了日益增长的经济繁荣和铁路的诞生是如何让人们享受骑驴、《潘趣和朱迪》（*Punch and Judy*）（传统英国木偶剧。——译者注）等乐趣的。

1880 年马尔盖特码头上的度假者。随着游客（主要来自伦敦）蜂拥而至，这个城镇迅速发展起来

19 世纪 70 年代末，布莱克浦的夏日，周六的清晨早早地开始活跃起来。短途旅行的火车会在早餐前从兰开夏的"棉花镇"出发，它们在凌晨时分就开始了旅程。

成群结队兴奋的人群，许多人穿着平日的木屐，踩在从中央车站到南防波堤的长廊石砌成的石板上嘎嘎作响，在那里，一支德国的欧帕乐队在木地板上演奏着震耳欲聋的乐曲，而爱尔兰的海上划桨船则带着游客们启程前往南港或马恩岛。在路上，他

们可以在蒸汽环形带上骑行玩乐，或者让"颅相学家"从他们头上的"凸起"处分析他们的性格和命运，这些联排房屋的前花园后来成为游客络绎不绝的"黄金地带"。

　　不久，海滩上的摊位也陆续开放，提供射击和公众切割玉米的游乐服务，还有不可或缺的驴子（1897年还会有骆驼）。那些只住几天或一个星期的人会带着他们大大小小的箱子，还有装着食物的纸袋，去车站附近一条街上的寄宿处。其他人则前往新的冬季花园，那里有早餐供应，然后在莱克斯游乐公园享受露天酒吧和舞蹈。这里著名的布莱克浦塔的成名是多年以后，它于1894年才开放。而受欢迎的布莱克浦很早就非常注重商业开发了。

布莱克浦在这一领域起步较早，其规模已经是独一无二的。但在 19 世纪晚期，类似的景观在英国的海岸线上迅速发展，从泰晤士河河口的马尔盖特和滨海绍森德，到克莱德海岸的敦农和罗塞。只要有铁路或轮船，人们就能以低廉的价格来到海边，享受假期和价格低廉的食品。

他们可能是世界上第一批去度假的工人阶层，是第一批工业社会的产物。他们形成了一种古老的商业海滨旅游模式，最初是为寻求健康的人提供服务，这种模式从 18 世纪早期开始发展，与第一次工业革命和消费革命同步。它的现代形式也是英国人，特别是英格兰人发明的，后来像英式足球一样被输出到世界各地。

还有早期版本的海滨度假。罗马人有海边度假胜地，但是它们是针对精英阶层的夏季度假屋，而不是为了给平民提供廉价的乐趣而组织的。在全球范围内，包括英国（尤其是兰开夏郡），有许多受欢迎的夏季聚会在海边进行，沐浴和戏水，特别是在八月的春潮前后（在天主教国家）正好赶上"圣母升天节"。

穆斯林也有类似的与大海有关的节日，土耳其也有海浴场（药用浴场）和内陆浴场。荷兰的斯赫弗宁根吸引了许多游客和画家，他们喜欢这个古老渔港独特的 17 世纪氛围。不过，不管怎么说，是英国开创并发展了海滨夏季度假的现代风潮，使之成为一种健康的、令人向往的、愉快的、有商业模式的和民主的休闲方式。

现代的海滨度假似乎始于 18 世纪早期的利物浦港口提供的商业性的海水浴场，以及稍后的约克郡海岸的斯卡伯勒和惠特比的海水浴场。它起源于一种不断增长的疗养时尚，即从温泉"取水"，如从巴斯和滕布里奇威尔斯取水，以及就在斯卡伯勒本地取水。这些是最初的"温泉"度假村，以现在比利时的一个早期度假小镇命名。医生们采纳了关于海水有益健康的

1830 年，坎特伯雷至惠特布尔铁路开通。铁路的出现使成千上万的工薪阶层城市居民更容易前往沿海地区

马车上的更衣室保护了游泳者的隐私

流行观点，并将其纳入医学"科学"之中，他们把病人送到海边，告诉他们应该洗多少次澡，洗多长时间，以及如何帮助他们从病痛中恢复过来。人们认为寒冷、凛冽、强劲的北海冷水对人更有好处，因此早期就求助于寒冷的北海水域。

　　然而，随着 18 世纪的商业和工业革命的发展，以及不断扩大的中产阶级商业人士和专业人士消费支出的增长，海滨度假时尚也随之发展，迅速扩张的伦敦都市人群成为发展的主要动力。因此，从 18 世纪 30 年代起，海滨度假胜地的蓬勃发展集中在东南部，尤其是马尔盖特和布莱顿。

这些衰落的海港因为海水浴而获得了新的生机，并且很快开始提供商店、图书馆、舞厅和娱乐设施给越来越多的休闲游客，他们不仅追求健康，还追求时尚、艳遇和娱乐。专门建造的酒店和公寓，在时髦的乔治亚式建筑、新月形排屋和渔民小屋旁边不断涌现。马尔盖特的地理优势有赖于泰晤士河沿岸通往伦敦的便捷交通，这得益于一种名为"霍伊斯"的帆船，这种帆船可以将谷物运往伦敦。与此同时，布莱顿提供了最短的陆上旅行，并吸引了爱好享乐的威尔士王子（他最终成为乔治四世国王）的光顾，他的情妇和放荡的随从给布莱顿带来了时尚诱惑和低俗魅力的诱人结合，从此这种魅力一直延续着。而他建造的东方式的皇家行宫，也使得这里的海滨和异国建筑之间产生了微妙而持久的联系。

早在铁路开通之前的 19 世纪 40 年代初，布莱顿的旅游淡季也有约 4 万人，远远超过其他的海滨度假胜地。这一点突出表明了铁路（连同轮船，尤其是在泰晤士河、克莱德河口和布里斯托尔海峡）推动和普及了一种已有的海滨度假风潮，但并不是开创了它。

1851 年的人口普查报告强调，几个海滨度假胜地是英国发展最快的城镇之一，与更为传统的制造业和采矿业等工业中心并驾齐驱：在 19 世纪 20 年代，布莱顿与布拉德福德并列榜首。从 19 世纪 40 年代起，铁路系统使英国北部和中部工业地区的城市人口越来越多地加入海边的欢乐时光中。

特别的短途旅行列车，通常是由主日学校或禁酒会以很便宜的价格组织的，一次可以载着数百名甚至数千名一日游游客前往海岸。虽然容易发生事故，但它们让许多贫穷的城镇居民第一次体验了大海，而不仅仅是待在工业区。在 1889 年 6 月阿玛的火车灾难中，78 人死亡，其中有 3 名工人、2 名用人、3 个裁缝（2 个学徒）、2 个女店员、当地的农民以及几个十几岁的女孩，还有许多小孩，他们正在前往北爱尔兰度假胜地沃伦朋海边游览的火车上。

## 盛宴和潮汐

从兰开夏郡和约克郡的纺织制造业城镇开始，备受欢迎的海滨度假产业的发展被大大推动了。这是因为在传统假日期间——最初是在兰开夏郡的守灵节和西部骑马节、潮汐节，可以使用便宜的车票进行长时间的海滨游览。

北方的主导行业提供了越来越多的稳定、可靠的工作，雇主认可了既定的无薪假期，甚至会延长假期。与此同时，19世纪末基本物价下降，妇女和儿童的就业增加了家庭收入，因而释放出用于商业体育、娱乐和度假的消费能力。不同的城镇有不同的假期，它们贯穿整个夏天，为海滨住宿和娱乐提供了市场。工薪阶层组织储蓄俱乐部为他们的海边旅行做准备，就像他们为圣诞节或圣灵降临节的新衣服存钱一样。

临时工或非熟练工人可能会落在这个迷人的圈子之外，但到了19世纪90年代，在现在我们称之为"守夜周"的节日期间，兰开夏郡的"棉花镇"几乎已经被人们遗弃成了一座空城，因为热门的度假胜地早已经装扮好他们的摊位来迎合这个利润丰厚的市场。与此同时，由有限公司的股东出资修建的栈桥和"快乐宫殿"急切地追逐着游客们的六便士。

在英国的其他工业地区，也有类似的小规模假期。假期把工人阶级的游客送到北威尔士、兰开夏海岸、克莱德度假村和曼岛。西米德兰人还去了阿伯里斯特威斯、滨海韦斯顿、韦茅斯和伯恩茅斯。莱斯特和诺丁汉的民众去了斯基尼斯和大雅茅斯。谢菲尔德人去了克莱索普。斯西约克郡人到莫克姆、斯卡伯勒和惠特比。泰恩赛德人到惠特利湾和斯卡伯勒。斯文顿或克鲁的铁路工人有他们自己的工作假期，可以享受免费或优惠旅行。

因此，在第一次世界大战之前，一个巨大的受欢迎的度假产业繁荣起来。1911年，大约有150万人在英国近150个海滨度假胜地小住，而布莱克浦每年已经有400万游客。中产阶级家庭仍然是大多数度假胜地的经济支柱，他们找到了与工人一起享受生活的方法，工人们的行为变得更有礼貌，不再那么喧闹，因为他们学会了度假礼仪。

每个度假胜地都有自己独特的度假者、住宿和娱乐设施，旅游指南帮助人们做出明智的选择——尽管随着一整条街道都聚集着相同的公寓，许多人每年都会回到同一个地方略显无聊。但人们仍会"精心打扮"，来假装自己比实际情况"更好"。海滨创造了自己约定俗成的内容，有吟游歌手和皮埃罗表演、码头娱乐（包括老虎机和窥视秀）、躺椅、乘船、《潘趣和朱迪》木偶剧表演等所有的海滩乐趣。

这种模式一直持续到20世纪60年代，甚至到20世纪70年代——尽管第一次世界大战后发生了一些重要的改变。更多的工薪阶层家庭，如果他们有工作的话，现在可以负担得起带孩子旅行的费用了。带薪假期变得更加普遍——尽管1938年颁布的《带薪休假法案》直到1950年才付诸实施（率先推动受欢迎的海滨假期的棉花工人，却是最后一批受益的人）。

假日营地提供了新的体验，尤其是当巴特林开发了一种新的公共娱乐模式、餐饮模式和文娱活动后。战争期间的海滩变得更加轻松和娱乐化，因为家庭"混合"沐浴被正式允许，旧的沐浴设备让位给帐篷和小屋，服装变得更短更暴露（对男人和女人都是如此）。早在可可·香奈儿（Coco Chanel）在里维埃拉（Riviera）度假之前，追求健康的小麦色肤色就已经成为一种时尚。

现代主义建筑出现在海边，以游泳池、海滨浴场的形式体现，如比克斯希尔的德拉瓦尔大厅和莫尔坎贝的美联酒店。客车和汽车开始挑战火车，尽管直到20世纪60年代早期，铁路依然是重要的沿海交通工具。

20世纪20年代，英国海滨开始从国外的海滩度假胜地寻求灵感——首先是法国，然后是欧洲大陆西北部，接着是西班牙，直到20世纪50年代，那里最重要的度假胜地都在大西洋海岸，而不是地中海。

美国在罗德岛（Rhode Island）上的纽波特（Newport）开展了针对精英阶层的海滨旅游项目，而这类海滨项目随着英帝国的扩张来到了南非和澳大利亚。节日传统在不同的文化中发生了变化：对西班牙和印度的影响来自法国；对拉丁美洲的影响来自西班牙；而英国在阿根廷的存在则影响了那里度假村的发展。

20世纪30年代，库吉（Coogee）的英国风格建筑遭遇风浪冲击后，澳大利亚人放弃了海滨码头，发展了自己独特的冲浪文化。然而，全球海滨产业的最初源头是英国，这一点往往被遗忘，因为英国海边度假的需求是国内的，而英国的度假胜地从未在海外推广，因此在国外一直保持神秘的状态。

英国人自己也对他们的海滨爱恨交织，一边带着怀旧之心赞颂它，一边又在当下诋毁它。媒体几乎一直在负面报道。英国海滨旅游的衰落比人们通常认为的要晚——大多数地方是在20世纪70年代，而不是60年代——而且其原因不仅是地中海旅游的兴起，实际情况要复杂得多，后者的发展也比许多人认为的要慢、要晚。现在许多度假胜地都在努力重建，也许英国海边的太阳还没有落下。

本文作者约翰·K.沃尔顿博士是毕尔巴斯克大学巴斯克当代史研究教授。

Dr John K Walton is an Ikerbasque research professor in contemporary history at the University of the Basque Country，Bilbao

## 发现更多

### 图书

► 《海滨设计》，弗雷德·格雷著（雷克顿出版社，2009）

► 《在海边：英国失落的海滨遗产》，莎拉·弗里曼著（奥罗出版社，2015）

► 《1750年—1914年的英国海滨度假村》，约翰·K.沃尔顿著（莱斯特大学出版社，1983）

### BOOKS

► *Designing the Seaside* by Fred Gray（Reaktion，2009）

► *Beside the Sea：Britain's Lost Seaside Heritage* by Sarah Freeman（Aurum，2015）

► *The English Seaside Resort，1750-1914* by John K Walton（Leicester University Press，1983）

## 骑驴

18世纪时，海边的游客就已经开始骑驴了，就像他们在温泉度假村一样。在维多利亚时代，这仍然是成年人喜爱的消遣方式之一。有很多人抱怨旅行者残忍地殴打驴子，而在19世纪70年代早期，有偷窥癖的牧师弗朗西斯·基尔弗特（Francis Kilvert）甚至满怀热情地观察着新布莱顿（New Brighton）那些穿着衬衣的骑手。但随着监管的严格，年老驴子的慈善之家增加，慢慢地，只有孩子才去骑驴了。

（18世纪的英国，骑驴是一种在海边休闲活动中极为受欢迎的活动，当时的影像资料留下了许多妇女儿童骑驴的图片。——译者注）

## 潘趣和朱迪

　　《潘趣和朱迪》节目的历史源远流长，至少可以追溯到 17 世纪 60 年代的英格兰。就像皮耶罗一样，在维多利亚时代晚期，它被认为是海边孩子们的娱乐。它的幽默和不正确的政治情节（暴力、殴打妻子、残忍对待鳄鱼）符合海边的"疯狂"，但这一切使它走向衰落，因为它的部分内容带有严重暴力色彩。尽管如此，它在几个海滨胜地还是顽强地存活了下来。

　　[传统英国木偶剧，也是一部悲喜剧，主要人物是潘趣和朱迪以及他们的孩子们，该剧距今已有 400 多年历史，曾盛极一时，广受欢迎。该剧在演出中大多不是以一个完整的故事表演，而是由多个不同的片断拼合而成，而且在表演形式上有强烈的即兴成分，因为表演者会依据观众反应而将演出片段加长以求达到更好的气氛。表演设有很小的舞台（约长、宽、高各 80 厘米），设计精美简洁，演出者以单人控制所有角色配以特殊的发声技巧，令观众在很短的时间内已完全沉醉在演出中。——译者注]

## 码头

　　按照它的自身定义，休闲码头是海滨特有的。早在 1823 年，布莱顿就有了一个悬挂式的"锚链码头"。但尤其是从 19 世纪 60 年代开始，带有老虎机和娱乐设施的步道和游乐码头成为海滨的象征，每个知名的度假胜地都必须有一个，有一些还有两个，而在布莱克浦，1893 年开始已经有了三个码头。但火灾、风暴、船只荒废和战后的不景气使码头的数量不断减少。

# 六个度假胜地

## 1 布莱克浦（黑池）

作为世界上第一个工人阶级的海滨度假胜地，布莱克浦在 19 世纪 70 年代以兰开夏人的假期为基础发展壮大。维多利亚晚期的冬季花园、布莱克浦塔和阿尔罕布拉这 3 个码头加上欢乐海滩和 1912 年的市政照明，是一组独特的景点。20 世纪 30 年代，它成为国家旅游胜地，20 世纪 50 年代达到顶峰。这里至今仍广受欢迎。

世界闻名的布莱克浦塔的照片，拍摄于 1894 年至 1900 年

## 2 伯恩茅斯

伯恩茅斯最初以为残疾人提供由松树林输送的新鲜空气著称。1870 年，一条直达铁路建成，伯恩茅斯迅速发展起来。活跃的地方当局为来访的游客提供冬季花园和一个市政管弦乐队，不过从爱德华时代开始，它吸引了更多受欢迎的人群来到安德克利夫大道、码头和海滩，尤其是来自工业发达的中部地区的那些游客。

## 3 罗斯西

轮船，后来加上铁路线路，将格拉斯哥游乐场和夏季周末的"渡斯瓦特"运往克莱德海岸和岛屿，在最后一艘返航的船上，熙熙攘攘的人群涌上了岸。布特岛的罗斯西（Rothesay）开发了冬季花园，并保护了码头上奢华的维多利亚式绅士洗漱间。

# 4 巴里岛

巴里岛是 19 世纪晚期威尔士矿工和钢铁工人以及镀锡工人的度假胜地。从 1896 年起，布里斯托尔海峡的轮船被铁路运输补充。后来，大篷车和廉价的住宿占据了主导地位——伴随着 1966 年巴特林的姗姗来迟——更不用说这里还有南威尔士最大的游乐园了。

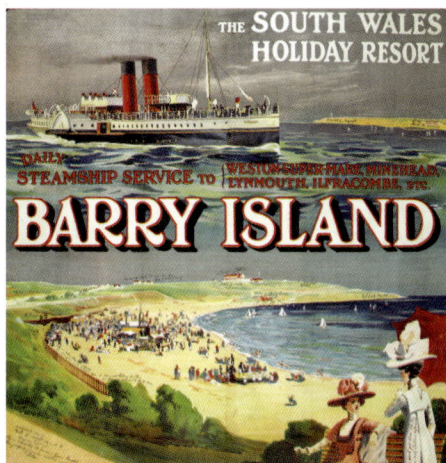

# 5 大雅茅斯

蒸汽船和火车将维多利亚时代的伦敦人和米德兰人带到了这个中世纪海港和早期受欢迎的度假胜地，这里有鲱鱼渔场、"浮筒"和狭窄的一排排小巷。维多利亚时代为前来的游客提供了两个码头，爱德华时代还从托基引进了冬季花园。当地的"金域海滨"挤满了摊位和各种娱乐活动。

# 6 斯卡伯勒

这里是英国第一个海滨度假胜地，从 18 世纪早期流行的悬崖水疗中心开始发展起来。从 1845 年开始，铁路带来了游客，他们步行到城堡下面的海港海滩，北湾后来越来越受欢迎。当地政府投资修建了华丽的游泳池和公园，还有 3 座悬崖升降梯，使人们去海滩更加便捷。

斯卡伯勒，19 世纪英国第一个海滨度假胜地

# 丹尼尔·古奇（1816—1889）

他是使工程专业受到尊敬的人之一，而且使得布鲁内尔的发明创造充分发挥了潜力

维多利亚女王刚刚登上王位之时，工程师这一行业并不光鲜。有些工程师很富裕，受到许多人尊敬，但仍有一些工程师工作的唯一目的就是谋生，他们不得不卷起袖子，弄脏衣服来辛苦工作。在当时，工程师仅仅是一种谋生的活计，不像律师或牧师那些职业备受尊重。但在维多利亚时代，工程师成为一个富有魅力的职业，这个行业的从业者似乎可以让不可能的目标成为现实。

对今天的人们来说，伊桑巴德·金德姆·布鲁内尔可能是维多利亚时代最著名的工程师，但他同时代的人对他的感情却是复杂的。对许多人来说，布鲁内尔是一个不计后果的炫技者，他把投资者的钱浪费在超级大项目上，而这些项目往往在商业上是失败的。

人们对布鲁内尔的印象超过了他的朋友丹尼尔·古奇（Daniel Gooch），古奇是那个时期最成功但远没有那么张扬的工程师之一。如果没有古奇，布鲁内尔的西部大铁路（Great Western Railway，GWR）就不会如此成功，古奇是唯一一个充分利用布鲁内尔最后一个伟大项目的人。古奇来自诺森伯兰的一个中产阶级家庭，那是一个工程师大家庭。他很幸运，在铁路时代刚开始的时候就获得了机车制造的经验。21岁的时候，他开始为西部大铁路设计机车，而且比布鲁内尔要成功得多，因为布鲁内尔此前没有什么经验。古奇职业生涯的大部分时间都与西部大铁路有关，他负责监管斯温登的新机车工程，并制造出速度、安全性和可靠性无与伦比的发动机。

古奇同时也是一位商人，而且很善于交际。他担任了克里克莱德20年的保守党议员。而且，当西部大铁路在财政上超支时，他同意担任主席之职，他从1865年开始担任这一职务，直到去世。他把公司从破产边缘拉回，使公司恢复了生机，并带领公司修建了塞文铁路隧道，这项工作由另一位务实的北方工程师约翰·霍克肖爵士执行。这是当时世界上最长的水下隧道，是一项了不起的成就。古奇还有其他几个商业体，但他之所以能赢得男爵爵位，一大部分是因为他参与建造了被某位作家称为"维多利亚时代的互联网"的工程：他利用布鲁内尔的最后一艘巨舰成功地铺设了一条横跨大西洋的电报电缆。

造出"大东方号"被认为是布鲁内尔最大的愚蠢行为。这艘巨大的船——比其他任何能漂在水面的东西都至少大5倍——在财务上造成了毁灭性的打击，同时暴露出各种技术问题。它甚至很可能加速了布鲁内尔的离世。古奇用它来承载跨大西洋电报连接所需的3700千米的电缆。在1865年的第一次尝试中，电缆断了。但是第二年，"大东方号"再次出发，成功地铺设了电缆，并成功地找回了丢失的电缆，这使得英国和美国之间可靠的并且几乎即时的通信成为可能。

最终，正是像丹尼尔·古奇这样头脑中充满常识的人，让布鲁内尔这样的梦想家的宏伟愿景真正得以实现。在这个过程中，1901年的世界与1837年的世界相比，已经发生了前所未有的变化。

撰文：尤金·伯恩
word：Eugene Byrne

多亏了古奇，信息可以以每分钟 8 个字的速度穿越大西洋

# 宪章运动

多德福德的罗斯登小屋，曾经是一个宪章主义者定居点的一部分。它的第一位主人威廉·霍奇基斯（William Hodgkiss）曾经在这里享受过它的原始风貌

夏洛特·霍奇曼（Charlotte Hodgman）和琼·艾伦（Joan Allen）博士一起参观了罗斯登小屋（Rosedene Cottage），探索了19世纪为工人阶级争取选举权的运动。

1848 年 4 月 10 日，当伦敦的游客看到 2 万多人聚集在肯宁顿广场时，一定大吃了一惊。

如果他们知道，三辆马车从拥挤的人群中缓缓驶出，朝威斯敏斯特方向驶去，而此时车上正载着厚厚的请愿书，请愿书上有数百万人的签名，要求一系列民主权利，他们会更加吃惊吧。

这次请愿是继 1839 年和 1842 年的两次请愿之后的第三次请愿，这是一场被称为宪章运动的全国性改革运动，这场政治运动在一定程度上源于 1832 年的《大改革法案》（*Great Reform Act*），不过该法案只将投票权扩大到中产阶级。（宪章运动是 1836—1848 年英国发生的争取实现人民宪章的工人运动，这次运动有一个政治纲领——《人民宪章》，因此得名为宪章运动。宪章运动是世界三大工人运动之一，它的目的是工人们要求取得普选权，以便有机会参与国家的管理，工人阶级希望通过政治变革来提高自己的经济地位。列宁曾经说宪章运动是"世界上第一次广泛的、真正群众性的、政治性的无产阶级革命运动"。它为后人提供了宝贵的斗争经验，促进了《共产党宣言》的发表，也鼓舞着全世界的工人追求自己的政治权利。——译者注）

纽卡斯尔大学（Newcastle University）的现代英国史高级讲师琼·艾伦（Joan Allen）博士表示："在 1832 年法案出台之前，中产阶级和工人阶级举行了一系列的抗议和示威活动，他们联合起来，争取到了投票权。""但是，当只有每年支付 10 英镑以上租金的房主以及小地主、佃农和店主才可以投票时，工人阶级事实上仍然被剥夺了选举权。""再加上《济贫法修正案》（1834 年）的苛刻规定，在经济严重萧条时期，申请救济的条件十分苛刻，这为工人阶级激进主义的发展提供了足够的条件。"

1836 年，在康沃尔出生的家具工威廉·洛维特（William Lovett）创立了伦敦工人协会（London Working Men's Association），该协会主张"以一切法律手段寻求赋予社会各阶层平等的政治和社会权利"。1838 年 5 月，该协会公布了《人民宪章》，内容有 6 条（宪章主义的名字就是从它而来的），主要包括要求男子普选权、无记名投票、议员应获得报酬、废除议员的财产资格、平等的选区和年度议会。争取工人阶级选票的斗争再次展开。

"但是宪章主义包含的不仅仅是选举改革。它设想的是一个更加平等的社会，以更广泛的受教育机会和更好的工作条件为基础的一个奖励勤劳工作和支持自我提高的社会。"艾伦说道。这一点在多德福德的罗斯登最明显，罗斯登是一座红砖建造的农屋，曾经是宪章主义者的聚集地，由大约 40 个小农场组成。

多德福德的定居点，是费阿格斯·奥康纳（Feargus O'connor）创立的5个定居点之一。奥康纳是英国宪章主义的领袖人物之一，从1847年起担任诺丁汉郡的议员。宪章主义是宪章派土地合作协会（Chartist Land Co-Operative Society)的一部分，该组织为满足工人获得相应权利的土地，并为人们提供了自给自足的手段。

每间宪章主义者的小屋都有一个橱柜，就像这个罗斯登的复制品一样

大小不等的土地通过投票的方式被分配，任何拥有股份的人都有权参与。每个人都能得到相当于其所持股份数量的一块土地，以及一间小屋，小屋里面配有一个橱柜。这些土地的持有者虽然仍然需要支付地租，但是他们拥有的房子和土地使他们拥有了投票权。奥康纳于1848年5月以10350英镑买下了这片占地113公顷的土地，多德福德是他创建的最后一个宪章派定居点。

然而，到了1848年8月，投票计划结束了——特别调查委员会宣布该计划违反《投票法》——奥康纳被迫要求支付"额外的费用"或押金，以获得该土地的所有权。据记载，他曾支付150英镑——这对他来说是一笔不小的开支。

和庄园里的其他小屋一样，现在供人们参观被复原的罗斯登也有自己的水井和水泵，它们都被保留了下来，并使用当地的砂岩按照简单的三室设计进行建造。两间卧室位于建筑的两端，使用了它们原有的地板和壁炉，而中央起居室仍然是房子的核心。这间屋子里有一个仿造的大橱柜，仿制了当时小屋自带的橱柜，还有一个结实的炉灶，全家人可以用来做饭。在房子的前面，在山墙上，一个带有三叶草开口的三角形插入物为屋子通风，这是宪章派房屋的典型特征。

多亏了英国国家信托组织的大规模修复工作，今天的罗斯登小屋保留了 19 世纪 40 年代的原始结构。游客们可以真切地感受到它的第一任主人威廉·霍奇基斯搬进来时的样子。威廉·霍奇基斯是科克郡东印度公司的一名退休老人。

不幸的是，对于霍奇基斯和生活在他的"聚集地"的伙伴们来说，奥康纳的共享合作社的梦想并没有取得很大的成功。艾伦说："一开始，庄园里的许多居民都来自工业区，他们很少或根本不知道如何在这片土地上维持生计。""有时土地本身就是问题，因为土壤不适合种植计划中的作物：多德福德的黏性土质除了种草莓几乎不能种其他任何东西。"

## 传播信息

奥康纳的定居点是宪章运动的压轴之作，也是争取政治和社会平等的大规模运动的一部分。

"印刷文化对宪章运动至关重要，"艾伦说，"而这场运动很大程度上要

参观罗斯登
多德福德维多利亚路，靠近布朗斯格罗夫，伍斯特郡
网址：nationaltrust.org.uk/rosedene

归功于《北极星报》——这份奥康纳于 1837 年 11 月在利兹创办的宪章运动报纸，为这场运动提供了很大的支持。"这份报纸的受欢迎程度是惊人的——在 1839 年 8 月，它的销量甚至超过了《泰晤士报》——它很快成为这场运动的舆论工具。报纸经常在酒吧和工厂里被大声朗读，从而扩大了读者的圈子，而不仅仅局限于有技能和有文化的工匠。

1838 年 5 月 21 日，大约有 15 万人聚集在格拉斯哥绿地公园，而《人民宪章》是在一次公开会议上宣布的，在那一年，成千上万的人参加了在伯明翰、曼彻斯特和其他地方举行的宪章派集会。总的来说，集会是和平的，但一些宪章派领导人主张，如果以和平方式抗议失败，就使用武力。

"宪章运动没有一个领导人或名义上的领袖，它长期受到内部冲突和紧张局势的困扰，"艾伦解释说，"领导者们不断地就如何实现他们要求的最佳方式进行争论，并在使用的策略上意见分歧很大。一些人准备拿起武器作为最后的手段，而由洛维特领导的'道德力量'宪章主义者，主张采用公正的宪法手段来阐明他们的观点。"

最著名的宪章主义者暴力事件发生在 1839 年 11 月南威尔士的纽波特，就在暴力事件发生的几个月前，议会否决了宪章主义者的第一份请愿书，请愿书上有超过 120 万人签名。纽波特市激进的前市长约翰·弗罗斯特（John Frost）领导了这场起义，导致至少 22 人死亡，50 人严重受伤。弗罗斯特和其他宪章派领导人被捕，后来他因叛国罪被判处死刑，但后来改判流放到澳大利亚。

艾伦说："纽波特的起义几乎没有机会，因为政府一直在监视宪章派的活动，利用监视收集宪章计划的情报。""人们普遍认为，如果纽波特起义没有被镇压，它可能会引发进一步的叛乱。为了防止运动进一步壮大，政府不得不镇压起义。对叛乱领袖的审判，以及随后的死刑判决，都在意图阻止英格兰北部宪章派腹地的其他人采取暴力策略。"

## 最后的日子里

1842 年提交给议会的宪章派请愿书上有超过 330 万人的名字，签署在大约 10 公里长的纸上。1842 年 5 月 7 日，费阿格斯·奥康纳在《北极星报》上写道："我们的请愿书打碎了狭窄房屋的门框——把它们击得粉碎……"

然而，宪章运动在第三份也是最后一份全国请愿书之后不久就开始失去了活力，这份请愿书只获得了 15 名议员的支持，而且很可能有许多伪造的签名。

宪章派示威人士试图解救新港韦斯特盖特酒店的同事时发生了暴力事件。议会否决了宪章主义者的第一次请愿，随后发生了起义

1848 年被国会否决。

　　"宪章主义者尝试了所有可行的途径来为工人阶级实现议会改革——从反抗到请愿，"艾伦说，"到 1850 年，一直为运动争取支持的《北极星报》失去了大量读者，最终在 1852 年倒闭。宪章土地合作协会也就此结束，奥康纳本人也于 1855 年 8 月去世。"

　　"更重要的是，一些工人阶级的经济状况开始改善，这削弱了改革的动力。当时的困难程度与 19 世纪 30 年代末宪章运动开始时已大不相同。"

　　尽管宪章组织在 19 世纪 50 年代末之前，在英国各地的小牢房里存活了下来，但在运动期间，《人民宪章》提出的 6 条都没有被采纳。尽管如此，一代代的激进分子受到它的鼓舞，推动了民主的进程，特别是在 1867 年，进一步扩大选举权的要求最终被采纳。

　　事实上，宪章主义者的 6 个要点中有 5 个最终被采纳。只有年度议会被认为是不可行的，未能使它纳入法规。

······································

本文作者夏洛特·霍奇曼，历史顾问；琼·艾伦博士，纽卡斯尔大学英国现代史高级讲师。

Words：Charlotte Hodgman.Historical advisor：Dr Joan Allen，senior lecturer in modern British history at Newcastle University

# 关于宪章运动：还有 5 个地方可以去探访

## 1　纽波特，南威尔士

　　1839 年，纽波特发生了一场大规模的宪章主义者起义，导致至少 22 人死亡。遗憾的是，艺术家肯尼斯·巴德（Kenneth Budd）1978 年创作的纪念叛乱的壁画在 2013 年被议会毁坏，但斯托山（Stow Hill）山脚下的前西门酒店（Westgate Hotel），也就是叛乱发生的地方仍值得去看一看。那里的纽波特博物馆保存有大量的宪章运动收藏品，包括当时的图片、武器和报纸。

网址：newport.gov.uk

## 2　伦敦，肯萨尔绿色公墓

　　出生于爱尔兰的奥康纳是宪章运动中唯一的议员，也是最大的报纸《北极星报》的创始人。他被称为"自由之狮"，在精神崩溃后于 1855 年去世，葬在肯萨尔绿色公墓。当年为他送葬的人数达到 4 千万。你可以在第三排 27 号广场 12687 号墓找到他的纪念碑。

网址：kensalgreen.co.uk

## 3　格拉斯哥绿地公园，格拉斯哥

　　1838 年 5 月 21 日，约 15 万人冒着倾盆大雨聚集在这里，第一次聆听《人民宪章》。这座公园是这座城市最古老的公园，全天候对公众开放，游客可以在公园里探寻历史的足迹。

网址：glasgow.gov.uk

## 4　兰开斯特城堡，兰开斯特

　　1842 年第二次宪章主义者请愿遭到拒绝，引发了各种叛乱。1843 年，大约 59 名宪章主义者（包括奥康纳）在兰开斯特城堡接受审判，他们在那里被无罪释放。作为中世纪城堡游览的一部分，你可以参观这座城堡（现在仍作为皇家宅邸使用）。

网址：lancastercastle.com

## 5　格温纳普矿坑，康沃尔郡

　　在康沃尔，宪章运动花了较长一段时间才流行起来，所以在 1839 年，宪章传教士组织了大规模集会来传播有关运动的信息。这些活动在格温纳普矿坑举行，这一雷德拉斯附近的露天圆形场所，至今仍对公众开放。

网址：gwennappit.co.uk

**崔斯特瑞姆·亨特谈今天的传统价值观和政治**

# 维多利亚时代的意识形态
# 和野心似乎又开始流行了

如果你在下议院（House of Commons）工作，你就无法摆脱维多利亚时代的影响——我作为工党下院议员就是这样的。威斯敏斯特宫（Palace of Westminster）是19世纪中期自我尊重的胜利，它在中世纪的原址上重建而来，从19世纪40年代起，历时30年。该建筑的绘画、雕像和半身像都是为了庆祝"英国长期不断的繁荣这一最美丽的景象"，这是历史学家亨利·哈勒姆（Henry Hallam）几年前对英国稳定政体的描述。从查尔斯·巴里（Charles Barry）的建筑，到奥古斯都·普金（Augustus Pugin）的室内设计，再到赫伯特·明顿（Herbert Minton）的瓷砖，维多利亚时代所有的虚张声势的设计和卓越的工程技术都在这里得以展示。这似乎也影响了政治。

即使我们离19世纪的前辈已经越来越远，维多利亚时代的意识形态和野心如今似乎却又重新流行起来。这一切从顶层开始。英国前首相特雷莎·梅宣布伟大的维多利亚政治家约瑟夫·张伯伦（1836—1914）为她的政治偶像。

张伯伦作为伯明翰市的一位自由派市长，是一名干预主义者，敢于接受小国和自由贸易的口号。在他的领导下，这座曾经被称为"中部威尼斯"的城市成为市政社会主义的典范：积极的地方政府利用公共资金来提高市民的生活水平。就其本身而言，它将对国家角色的理解指向了一个不同的方向——更具干预主义、进步主义和再分配主义。特雷莎·梅提高最低工资标准，让员工加入公司董事会，看起来这就是梅首相政府的方向。

张伯伦的政治生涯开始时是自由党人，但后来成了保守党人。促使他改变立场的核心问题之一是英国的帝国义务和英国在世界上的角色变化——这个主题今天在我们讨论英国脱欧的本质时引起了共鸣。

19世纪晚期，张伯伦担任殖民地大臣，由于德国和俄罗斯竞争的威胁日益加剧，他敦促加拿大、南非、澳大利亚和新西兰——即所谓的"盎格鲁－撒克逊"殖民地——之间达成更统一的协议。与前国际贸易大臣利亚姆·福克斯（Liam Fox）一样，张伯伦希望建立一个关税联盟，并与英国的全球属地签订"优惠和互惠条约"。张伯伦认为这可能是"英国在全世界之间最牢固的纽带"。但这离种族优越感的污点也不远了。"我相信这个盎格鲁－撒克逊人的种族,"他宣布,"如此骄傲、如此顽强、自信和坚定,这个无论气候变化还是地域变化都不会退化的种族,绝对会成为未来历史的主导力量。"

在工党这一方的下议院,在杰里米・科尔宾(Jeremy Corbyn)的领导下,维多利亚时代的精神也重新浮现。他心目中的政治英雄并不是"激进的"张伯伦,而是工党的第一位领袖凯尔・哈迪(Keir Hardie,1856—1915)。正如科尔宾所言:"这位伟人为我们政党的建立作出的贡献超过其他任何人,他至今仍激励着我们。"

和哈迪一样,杰里米・科尔宾也有一些先知的气质,以及对政治理论基础的强烈意识。谈到住房建设、税收政策、教育政策,尤其是国际主义方面,哈迪似乎为科尔宾提供了一个切实可行的行动方案。"我们现在的使命是一样的,"同样留着胡子的科尔宾解释说,"就像哈迪所说的,直到'人类自由的阳光在我们的土地上爆发',运动才会停止。"

19世纪的精神不仅在威斯敏斯特重现。城市权力下放的新形势之下,维多利亚时代公民的自豪感又回来了。伦敦、伯明翰、利物浦和曼彻斯特的市长都是直接选举产生的,那么,建立我们城市文明的伟大公民的爱国主义精神似乎将迎来复兴。我期待新一代市长接过伦敦的权力,在英国更平均地分配财富和创造力。

本文作者崔斯特瑞姆・亨特自2010年以来一直是特伦特斯托克的工党议员,也是一位历史学家。他的著作包括《十个造就帝国的城市》(企鹅出版社,2015)。

Tristram Hunt has been Labour MP for Stoke-on-Trent Central since 2010 Band is a historian. His books include *Ten Cities that Made an Empire* (Penguin,2015)

图字：01-2021-6945 号

本书中文简体版权经由锐拓传媒取得 Email：copyright@rightol.com

中文简体字版专有权属东方出版社

**图书在版编目（CIP）数据**

维多利亚时代 / 英国 BBC 编著；胡泊 译 . —北京：东方出版社，2022.10
书名原文：The Story of the Victorians
ISBN 978-7-5207-2960-4

Ⅰ . ①维… Ⅱ . ①英…②胡… Ⅲ . ①社会生活—历史—伦敦 Ⅳ . ① K561.42

中国版本图书馆 CIP 数据核字（2022）第 159177 号

**维多利亚时代**
（ WEIDUOLIYA SHIDAI ）

------------------------------------------------

作　　者：［英］英国 BBC
译　　者：胡　泊
责任编辑：朱　然
责任审校：孟昭勤　蔡晓颖
出　　版：东方出版社
发　　行：人民东方出版传媒有限公司
地　　址：北京市东城区朝阳门内大街 166 号
邮　　编：100010
印　　刷：北京联兴盛业印刷股份有限公司
版　　次：2022 年 10 月第 1 版
印　　次：2022 年 10 月第 1 次印刷
开　　本：880 毫米 ×1230 毫米 1/16
印　　张：13
字　　数：240 千字
书　　号：ISBN 978-7-5207-2960-4
定　　价：69.80 元
发行电话：（010）85924663　85924644　85924641

------------------------------------------------

版权所有，违者必究
如有印装质量问题，我社负责调换，请拨打电话：（010）85924602　85924603